中华优秀传统文化大家谈·第二辑

温海明 赵薇 主编

中国传统文化精神

楼宇烈 著

国家出版基金项目

山东城市出版传媒集团·济南出版社

图书在版编目(CIP)数据

中国传统文化精神/楼宇烈著. —济南:
济南出版社,2022.9(2023.11 重印)
(中华优秀传统文化大家谈/温海明,赵薇主编. 第二辑)
ISBN 978-7-5488-4905-6

Ⅰ.①中… Ⅱ.①楼… Ⅲ.①中华文化—研究
Ⅳ.①K203

中国版本图书馆 CIP 数据核字(2022)第 038298 号

中国传统文化精神
ZHONGGUO CHUANTONG WENHUA JINGSHEN

出 版 人	田俊林
责任编辑	李 敏　张冰心
封面设计	尚书文化

出版发行	济南出版社
地　　址	山东省济南市二环南路1号(250002)
编辑热线	0531-82890802
发行热线	0531-86922073　67817923
	86131701　86131704
印　　刷	济南继东彩艺印刷有限公司
版　　次	2022年9月第1版
印　　次	2023年11月第2次印刷
成品尺寸	170mm×240mm　16开
印　　张	12.75
字　　数	194千字
定　　价	59.00元

(济南版图书,如有印装错误,请与出版社联系调换。联系电话:0531-86131736)

出版前言

"文化是一个国家、一个民族的灵魂。文化兴国运兴,文化强民族强。"党的十九大报告强调,中国特色社会主义文化源自中华民族五千多年文明历史所孕育的中华优秀传统文化,要加强对中华优秀传统文化的研究阐释与普及教育。中共中央办公厅、国务院办公厅印发的《关于实施中华优秀传统文化传承发展工程的意见》,明确要求加强中华文化研究阐释工作,深入研究阐释中华文化的历史渊源、发展脉络、基本走向,着力构建有中国底蕴、中国特色的思想体系、学术体系和话语体系。深入研究和阐发中华优秀传统文化,彰显中华文化魅力,坚定文化自信,成为摆在每一个从事文化研究和出版传播者面前的重要课题。

当前,对中华优秀传统文化的研究阐释正形成一股全国热潮,涌现出一大批有影响力的专家学者。他们从不同视角深研中国传统文化,汲取精华,关照现实,展望未来,取得丰硕研究成果。系统地挖掘整理他们的研究成果,集中展示他们的学术观点,有助于推动中华优秀传统文化研究的纵深发展。

为此,我们精心策划了"中华优秀传统文化大家谈"项目,搭建中华优秀传统文化研究平台,集中介绍国内名家学者关于中华优秀传统文化研究的核心思想、观点,较为系统、全面地反映当前中国传统文化研究尤其是儒学研究的整体状况和发展趋势,以期推动学术交流,服务学术创新,同时使广大读者能够了解、感受、领略中华优秀传统文化的深邃内涵和精神魅力。名为"大家谈",意在汇聚名家、大家,选取的作品均为当代中华传统文化研究的名家名作;同时也有"众人谈"之意,意在百家争鸣,繁荣学术研究。

却顾所来径,苍苍横翠微。项目从策划到出版,皆赖专家学者们的学术热情与鼎力支持。对此,我们深为感佩,并衷心感谢!同时也希望更多学界大家加入我们的行列,使更多高水平、高质量的研究成果能够与广大读者见面。

《中华优秀传统文化大家谈》项目组

2019 年 12 月

目录

上篇　中国传统文化的核心价值

003／中华优秀传统文化的核心思想
007／中国传统文化精神
014／中国文化的根本精神是"人文化成"
017／中国文化阐释要以"人"为本
022／人本思想为中国文化注入了什么
025／立于礼，成于乐
028／发扬传统文化的人文特色
036／发扬人文精神，重视自我修养
042／自觉、自律精神是中华文化的一个根本特点
045／君子的意义与德行
052／谈"为己之学"
058／"三玄"要义
062／论和谐
064／"和而不同"的儒、释、道
068／中医的人文内涵及其意义
079／应以直觉智慧建立中医的人文标准
094／中国文化的生生之学

目录

下篇 增强中华文化主体意识

111 / 中西文化的关键性差别

115 / 人文精神与文化自信

130 / 文化要"走出去",首先要"走回来"

135 / 中华文化对人类的重大贡献

138 / 多元包容的文化生命力

141 / 多元包容让中国文化博大精深、丰富多彩

144 / 增强中华文化主体意识

146 / 文化交流与文化主体意识

153 / 树立文化自信,首先要认识文化多样性

157 / 唤醒"自然合理"的中国文化主体意识

161 / 东方文化与现代生活

169 / 东亚现代化与东方文化的历史反思

175 / 传统文化教育要"契理契机"

178 / 传统文化的误读与重建

190 / 传统文化:不求轰轰烈烈,但求不绝如缕

上篇 中国传统文化的核心价值

中华优秀传统文化的核心思想

习近平总书记将中华优秀传统文化的精神用"仁爱、民本、诚信、正义、和合、大同"进行总结，不仅具有高度的概括性，同时也具有极强的时代性与人类共同性。

从今天人类面临的生态危机、道德危机、不可持续危机以及人类异化危机等来看，西方商业文化不具有普世价值，而中国传统农耕文化中的"仁爱、民本、诚信、正义、和合、大同"等价值观使人类与自然及人类自身产生了和谐，反而使人类具有了和谐与可持续的未来。

也因此说，中国传统文化具有天下性、道德性、社会主义性。天下性，在于思考问题的全局性。它不局限于从自身、自家思考问题，也不局限于从企业方面思考问题，甚或不局限于从国家方面思考问题，而是从人类、世界、众生、宇宙之广度思考问题，总之从宇宙至健之无比广大的秩序思考问题。现在西方文化主流思想是围绕资本利益的，至多在于为资本利益集团之联合体服务，对于占绝大多数的工人阶级以及广大民众的利益则只是敷衍。其工具性很强，这与中国固有之"仁爱、民本"思想格格不入。

道德性，在于将道德贯穿于文化的各类形式之中。政治之道德性表现为政治伦理化；法律之道德性在于法律要与正义相吻合；经济之道德性在于黜奢崇俭、贵义贱利，还有不伤害"三农"；教育之道德性在于培养以德为先的德智体美劳兼备之才；军事之道德性在于出师有名、以防御为主、不首先侵略他国等。

社会主义性，在于"民本""仁爱""大同"；在于"以人民为中心"；在于"不患寡而患不均"；在于"耕者有其田"；在于以家庭为单位按照人口多寡分配的土地分配制度——虽然此制度性质为私有制，但分配是平均的，是为民制"恒产"；同时，在家庭内部财产是共有的，这种共有制应该说具有社会主义性,将此家庭共有推扩至社会,则为天下为公。

仁爱,是孔子讲的,其要义在于人与人相感:你敬我一尺,我敬你一丈;你把我视为兄弟,我同样把你当作兄弟;君以礼待臣,臣子相应以忠侍奉君。当然,以直报怨也是相感之意。以孔子的教导,"己所不欲,勿施于人"是实现仁爱的根本方法,其通在人心。具体做法则是以慈孝始:父慈子孝,父慈为当然之事,子孝也接近当然之事,但较之父慈为难,所以孝成为实现仁爱的基本途径。有孝心,推及兄弟姐妹则为悌,推及夫妻则为义,推及朋友则为信,推及君臣则为忠,于是乎,五伦成为实现仁爱的基本方法。天下在五伦的相互感动下而为一家,建立在五伦基础上的制度,自然就是礼制。

民本,就是以百姓的利益为根本,因民之所利而利之,天视自我民视,天听自我民听。用习近平总书记的话说,就是"以人民为中心"。实现民本的途径,在于仁政与王道,具体言之:制民恒产,薄赋敛、轻税收,量入为出,打击豪强势力,盐铁专卖,节制私人资本;选贤与能,讲信修睦,使老有所安,壮有所用,少有所怀,女有所归,鳏寡孤独废疾者皆有所养。民本也是实现社会主义理想的根本价值理念。

当然,民本也要求民德的提升,要求勤俭以得之,而非投机取巧以得之,更不能依靠赌博、贩毒取得财富,也不能靠污染环境发财,等等。今日财富若与道德分离,只讲GDP,不讲取之以义,那么会严重违背民本之价值。

诚信,是以至诚之心,不食言,言行一致,不口是心非,以最大努力践行人生之信条。它也包含西方之契约精神,但不尽相同。西方之契约在于形式上不违约,即使此契约是不合乎道德的、不公平的,甚至是武力强迫的,也应无条件遵守。如西方列强曾经强加于我国的各类不平等条约,中华人民共和国成立之日即予以废除,此对人民之诚信也,对资本列强之违约也。

因此,诚信具有道德之内核,不仅仅在于"言必信、行必果",唯"义之所在,则言必信、行必果"。

正义,从文字上考研其中的"正",其乃会意字,表示前往某地,有远行之义。现在其引申义为平正,不偏不斜,还有正心、正直、正确、恰当、公正、纠正等义。

"义",繁体字为"義"。篆字与繁体字很相似,也属会意字,从羊(祭牲),从我(兵器),表示用兵器宰羊作祭品。"義"简化为"义",原始义是指礼仪,后又改为礼义。所以,"义"者,礼也。

若将"正""义"合起来,就是以不偏不斜的步伐坚定地沿着礼义之路前进。

在经史子集中,最早用"正义"一词的大概是荀子。《荀子·正名》说:"正利而为谓之事。正义而为谓之行。"意思是说,为功利去做叫事业,为道义去做叫德行。从这句话看,"正义"的意思就是为道义而行,也就是以道义为奋斗的目标。在《荀子·儒效》中还有:"不学问,无正义,以富利为隆,是俗人者也。"这里的"正义"是道德的意思,或者指以道德为行为标准之义。

正义确实有恰当行为的意思,或者有恰当的道德要求、有礼义的意思,所以对于道德要实事求是,以大众之普遍性为原则,不可陈义太高。陈义太高则弄虚作假,形同虚设,不但不能教化人,反而犯造假之错误。释家教化人以因果报应为律,告诫世人行善有好报,此以利导善也!儒家也有"积善之家必有余庆,积不善之家必有余殃",亦义利合一也。这些都是将行善之获善报、行恶之获恶报作为教化人的信条,陈义并不高,但较之言义不言利,效果显然要更大一些。

和合,是一种兼容兼顾,打成一片,从整体看待事物的思维。诸如"天人合一""心物一体""体用一如"等,都是和合思想的体现。其大无外,其小无内,天人相合相感,天即人,人即天;心外无物,物不离心;体用不二,体用不离,物物一太极,事事无碍。西方思想则注重分析,将心与物分离,对心之研究为宗教,对物之认识则为自然科学。而中国则上薄拜神教,下防拜物教,表现为极强的人文主义。体用相分,将道德与制度、义与利相分离。在西方看来,所谓法律、经济、政治等皆为理性工具,无情、无义、无心,法律即规则,是丛林背景下的博弈而形成的——只有力量之大小,只有你死我活之争斗,人与人之间、人与自然之间根本不存有相互依赖、同舟共济的关系。而和合观,则首先强调人与人之间应是和谐的关系,其斗争性在和谐性、统一性之下。因此,人类的斗争武器,其杀伤力不应超出人类的承受力，今日之核武器竞赛已远远超出人类的承受力，一旦核战争爆发，人类必然走向毁灭。

大同，是人类社会的终极理想。仁爱、民本、诚信、正义、和合价值之推扩就是要求人类最终实现大同的理想，即人类像一家人一样，相互敬爱，以礼相待；老吾老以及人之老，幼吾幼以及人之幼；老者安之，少者怀之，朋友信之，四海之内皆兄弟也。正如习近平总书记所讲，人类是命运共同体。以中华传统文化的理想讲，就是要实现天下太平。天下要太平，就一定要使天下像一家人一样，从而人与自然和谐、人与人和谐。也就是说，能坚守仁爱、民本、诚信、正义、和合价值者，以大同为理想者，方可实现人类在全球化背景下"平天下"的理想，或许这就是中华优秀传统文化复兴的使命所在。

因此可以说，习近平总书记讲的"讲仁爱、重民本、守诚信、崇正义、尚和合、求大同"，不仅是中华优秀传统文化的核心思想，也是人类的核心价值观，具有普遍意义。

（原载于《人民教育》2020年第Z3期）

中国传统文化精神

现在流行一个词叫作"互联网+",我总觉得这词似乎有点颠倒,应该是"什么什么+互联网"。当今社会,运用互联网这样一个载体来传播我们的中国文化,我认为是有重要意义的。

一、 以人为本的根本精神

我们讲到中国文化时,常会用这样一些词汇来概括:源远流长,多元包容,博大精深,丰富多彩。我想,我用这四个词语来概括中国传统文化是名副其实的,中国文化就具有这样丰富的内容和底蕴。通过互联网来传播中国文化,作为传播者,我们要抓住中国文化最根本的精神。中国文化的根本精神,就是以人为本,就是一种人文的精神——人文化成。

"化成"什么?化成天下。我们传播中国文化是为了整个社会都能够受到人文精神的浸润。在我国,"人文"的概念最早是跟"天文"的概念相对应的,出自《周易·贲卦·象传》:"刚柔交错,天文也。文明以止,人文也。观乎天文,以察时变。观乎人文,以化成天下。"天文是什么样的状态?是刚柔交错的。我们通过感受阴阳刚柔的变化,可以看到四季的变化。春夏秋冬的四时变化给了万物生长的可能,万物通过四季的变化春生、夏长、秋收、冬藏。人文是什么呢?人文是文明以止,是我们人文的教育;人文是以"文"来"止"、以"文"来"化",它是跟以"武"来"止"、以"武"来"化"相对应的。

做人就要懂得"止"。你是什么样的身份你就止于何处、尽什么样的责任和义务,这就叫作"止"。《大学》告诉我们要"知止",我们每个人要明确认同各自的身份,按照自己的身份来做自己应该做的事情、尽自己应该尽的责任和义务。比如说父止于慈、子止于孝,这就叫作"止"。文明以止，是说过去我们的文化通过礼乐教化，让每个人懂得自己的身份、认同自己的身份，从而按照自己的身份去做自己该做的事情、尽自己该尽的职责。这就是"观乎人文，以化成天下"的含义。世界的文明不应当用武力强迫去改变，而应当用礼乐教化来使整个社会、人类发生变化。所以，人文的精神就是利用礼乐教化来使社会变得有序与和谐。

二、"建国君民，教学为先"

过去讲教育是干什么的？《礼记·学记》中说："建国君民，教学为先。"这是说，我们建立一个国家，管理民众，应当把教育放在第一位。教育要达到什么样的目的？要达到"化民成俗"的目的，而这也是教育的重要功能。《学记》中还说："君子如欲化民成俗，其必由学乎。"这也就是说，我们要通过教育使得整个社会形成良好的习俗和风气。在过去的时代里，我们通过家庭教育、学校教育，以及通过各种各样的私塾和书院等进行教育，今天的我们主要是通过学校进行教育。教育除了家庭教育和学校教育之外，还有非常重要的一部分，就是社会的教育。社会的教育包括社会中各种各样的文化活动。过去虽然有文化活动，但没有今天丰富，那么过去大部分老百姓通过什么来接受社会教育？当时的老百姓不一定认识字，也未必上过学，他们接受的社会教育当时不叫社会教育，叫作"高台教化"，也就是演戏说书。老百姓为人做事的道理、规矩就是通过"高台教化"学习来的。人们从舞台上知道，什么样的举止是正人君子的举止，什么样的行为是小人的行为；通过听说书、看戏，老百姓也知道了做什么事情都会有因果报应，所以人在生活中要行善积德，为社会造福，为子孙后代造福。

过去社会的信息比较闭塞，信息也得经过比较漫长的时间传达，所以家庭教育占很重要的位置，基础教育中私塾的教育也占了很大位置，农村中还有一些乡绅办的私塾等。但是现在的时代不同了，互联网的发展、移动终端的使用，很大程度上让社会教育成为整个教育领域中比重最大、影响范围最广的组成部分。

互联网的发展对我们的社会教育提出了一个非常重要的问题：我们用什么来教育民众、引导民众？我们的传统文化是一种以人文精神为特点的文化。具体地讲，我们的文化是建立在以人为本的基础之上的，重视人的主体性、能动性、主动性。通过礼乐教化来达到人对自我主体的自觉、自律。中国文化反复强调天地万物中人最为贵（重要），天地万物中人是最灵的（灵气、聪明），而人在万物之中也是最有主动性、能动性的。天地万物之中，其他的物种都是被规定好了的，它们的活动没有多少主动性，更没有多少能动性，只有人是具有最大的主动性和能动性的，所以人才最贵重、最重要。

三、"以人为本"强调人的主体性

天地造万物，但是人出现后因为具有能动性而可以与天地相并列。所以过去我们总是这样讲："天有其时生万物，地有其财养万物，人有其治来参与万物变化。"人能够参与到天地万物之中去，所以人是什么？《礼记·礼运》中说："人者，天地之心也。"这就是为什么宋代著名思想家张载（横渠）在他著名的"四句教"中，第一句就说"为天地立心"。（以下三句为："为生民立命，为往圣继绝学，为万世开太平。"）因为人心一动、人心一变就会影响到天地万物的变化。人在天地万物之中有这样大的作用，所以要管住自己。

我国自古以来提倡"以人为本"，这个以人为本不是让人肆意地去主宰万物，而是提醒人怎么能够更好地管住自己，让天地万物能够按照它自身的发展规律去发生和发展，不要人为地去干预自然。中国文化的以人为本的思想，不是去逞人之能，而是要人能够用自我管理的方式管住自己。

《管子》中有篇文章的题目叫《心术》，就是讲管理人心的问题和方法。《管子》是怎样来讲心术的呢？他说，"心"在人身中是处于"君"的地位，它应该能够管住你的"官"（眼、耳、鼻、舌、身等），人的五官应该受心的管理。而五官是跟万物接触的，五官应当能管住外物。作为一个人，你是有主体性和主动性的，你就应该用你的心去管住五官，用五官去管住万物，这个次序就是心术正的途径。但是如果次序颠倒过来，五官让外物给管住了，随着万物流走了，我们的心又让五官给管住了，那心术就不正了。所以，正常的心术是心管五官，五官管外观；不正常的心术就是让外物来管我们的五官，让五官来管我们的心。这样，人就成了外物的奴隶，也就失去了人的主体性。

中国文化中"以人为本"的人文精神，是强调我们作为一个具有主体性的人，既不要做神的奴隶，更不能做物的奴隶。万物是天地合气而自生的，人也是天地合气中生出来的一物，但这个物确确实实跟其他的物不一样。所以人应当有自觉性来管住自己，这样才能够跟万物和谐相处。道家提出的自然无为，就是让我们认识到，人在万物中，切不可放任自己。所谓自然无为，并不是叫我们什么都不干。无为的含义包括：第一，私志不得入公道，我们个人的愿望不能干预自然界整体生成发展的规律；第二，嗜欲不得枉正术，我们人类不要以个人的好恶去改变万物自身发展的方向。我们不应以私志和嗜欲去干预整个自然界发生、发展的规律和方向，而应该"循理而举事"，根据事物自身的规律去做事，应该"因资而立功"，根据条件、依靠条件去做好你的事情，建立事功。所以无为不是叫人无所作为，而是不要用私志和嗜欲去干预公道正术，而且要"循理而举事，因资而立功"。总的来讲，就是要我们"推自然之势"，即循自然之规律。

"辅万物之自然而不敢为"，这是老子的观点。"辅万物"是让我们有所作为，而不是无所作为；你要去推动它，而不是按照你自己的个人欲望去随意地改造它。西方的文化在走向近代的过程中借鉴了中华文化中以人为本、人文化成的理念，用它去跟西方中世纪以来以神为本、一切听命于神的文化进行斗争。以人为本的文化，使人类从神的脚下站起来，充分肯定了人的理性的正当性和合理性，使人能够充分发挥自己的理性去认识世界，所以才有近代文化科学的发展。一切科学技术都是人类理性力量的呈现。

但是由于人们对以人为本、人的理性力量的认识存在偏差，人们认为人从神脚下站起来了，以前由神来决定一切，现在应该由人来决定一切；以前由神主宰，现在应该由人主宰。这种思想发展到 20 世纪，导致了两次世界大战的发生。这两次世界大战以后，人们就开始反思：人类自己做主宰了，为什么会发生这样残酷的人与人之间的战争？战争究竟为了什么目的呢？答案很简单，战争就是为了资源、财富的掠夺、争夺。哪里有财富、哪里有资源，人就往哪里去，为了争夺资源、财富可以做出任何违背人性的事。两次世界大战，其实又是一种人的主体性的失落。

所以 20 世纪两次世界大战后，西方社会中一些思想家又重新高举起新人本主义的大旗。同时，这些思想家又一致认为，这种人本思想、人文精神的资源还得从东方、从中国传统文化中去找。中国文化中的人本主义、人文精神，是一种既不做神的奴隶也不做物的奴隶，用自觉、自律来保持人的主体性的文化。人要保持人自己的主体性、独立性，人要自觉、自律，才能与万物和谐相处，才能与他人和谐相处，才能使自己身心和谐相处。这里，自觉、自律是关键，如果没有自觉、自律，那就不可能达到上述三个和谐相处，因为人会放肆、放任，无所顾忌，肆意妄为。

中国传统文化的礼乐教化的核心就是要让人认识到，作为人应该认清自己的身份位置：在跟万物交流中你占有主动性，所以你应该自我约束；在社会交流中你也有能动性，所以做什么事情都应该把自己管好，尽到自己的社会身份所应该担当的职责。总而言之，中国文化的精髓就是不断地提升人的自觉性和自律性。

四、网络时代更应强调人的主体性

我们今天要传播我们中国的文化、我们优秀的传统文化，从根本上来看，就是要认识到中国文化的一些最根本的精神特征：我们今天不能做网络的奴隶，我们要主动地运用这个网络，而不是让网络牵着我们走，使我们失去人的主体性。

用网络来传播中国文化，在今天最迫切的任务就是要让我们每一个中国人都能够真的尊重我们的传统文化，对传统文化有一种自信心、自尊心。因为20世纪以来，新文化运动的潮流给传统文化带来了猛烈的冲击，使一般的民众对传统文化失去了尊重和信心。

20世纪，我们在一种错误的思维方式下，用现在文化的样式与传统文化进行比较时出现了错觉。什么错觉？传统文化是一种综合的模式，而近代的文化是一种分科的、分门别类的模式。近代的文化分成了哲学、宗教、艺术、物理、化学、数学等学科，而传统文化中是没有分科的。我们拿现在分科的模式去比对传统文化，以为传统文化只有儒家、法家、墨家，而没有哲学、宗教、艺术、物理、化学、数学等学科。所以20世纪初，很多人以为中国传统文化中既没有宗教也没有哲学，当然更没有物理、化学这些所谓自然科学的内容。这其实是没道理的。因为现代文化呈现的样式与传统文化呈现的样式是不同的，不能做简单的类比。

从学科来讲，我们是不是一定要确定一个标准、规范？什么叫哲学？哲学应该讨论些什么问题？应该具有什么样的特征？宗教又应该有什么特征？应该讨论些什么问题？以什么为标准？这些近代学科的分科方式是西方文化首先提出的。尽管我国传统的学派里儒家、道家都包含这样一些内容，但又不完全是。所以在很长一段时间里，人们以为中华文化中没有哲学，没有抽象的思维方式。20世纪初，我们用分学科的方式去观察传统文化，但我们不能简单地用现代学科理论去处理传统文化。

到现在，学界还在讨论儒家是不是宗教。我认为，不能简单地去定义儒家是不是宗教。我们简单地把儒家说成宗教，那是把儒家范围缩得太小了。儒家把制度、人际关系，方方面面都涉及了，怎么能用宗教来概括呢？虽然儒家思想中也确确实实包含宗教文化的内容，但是它并没有分化出来，没有独立出来，我们也不能说它没有。尽管我们说儒家里面也有宗教的内容，但它不是像西方的基督教那样，以崇拜一个"主"这样的神为它的根本。儒家通过礼乐教化让我们每个人确认自己的主体性、信仰自己的主体性，从自身追溯到自己的家族、自己的祖宗，追溯到一切生命的本源。

中国文化推崇"天地君亲师"。天地是一切生命的根本，祖先是每类生命的源头，君、师是让我们人类能够自己认识自己、自我管理好的一个根本。天地君亲师，人不能忘本，礼不能忘本，礼者大报本也，这就是礼者的定位。所以我想，一种信仰、一种宗教，它归根到底无非就是报本、感恩和敬畏。我们的文化也一样。所以我常常讲，从人们的口头语中就可以看出两种文化的信仰对比。西方人碰到什么事情，无论是高兴的、不高兴的，顺利的、坎坷的，首先冒出来的话就是"我的上帝"；中国人碰到这些事冒出来的是什么？是"天啊"。所以不能说我们中国人没有信仰，没有宗教信仰，我们的信仰只是特征与西方信仰不一样。西方人的信仰是围绕着神来展开的，而中国人的信仰是围绕人来展开的；一个强调人要尊重神，一个强调人要尊重自己。

我们现在用互联网传播中国文化，要让大家明白中国文化精神，而且要让大家对自己的文化有一种尊重和自信。在世界文化发展的历史过程中，可以说在两个关键时刻，中国的文化都是一种新的力量：一是从西方中世纪走向近代，就是用中国文化中的以人为本和道德的自觉、自律去冲破西方中世纪一切以神为本的文化；二是20世纪以来发现人类又失去了自我，成为物的奴隶，一切都被物牵着鼻子走了，这时又重新想到人的主体性问题。

中国的传统文化以人为本，强调人的独立性、主体性，强调人的自觉、自律。这是人类文化历史上不可或缺的成果，一定要让世界认识到这样一种文化的意义，才能够让大家对中国的文化有一种自信。

我觉得我们现在最重要的是建立我们的自信。我们现在最缺乏的就是对文化的自信心，自信心的缺失让我们丢掉了文化的主体性，我们不再在坚持文化主体性的基础上去吸收外来的文化。而在历史上，我们是以自己的文化为主体再去吸收外来文化的，因而我们对外来文化都能够进行积极的消化，来丰富、发展我们自己的文化。这个前提就在于我们的文化主体意识、文化主体的自觉。如果我们把文化的自信、文化的主体意识丢失了，那我们只可能沦为其他文化的附庸，无法丰富、发展我们自己的文化；会让我们的传统文化、我们具有自我特色的文化越来越衰弱，甚至消亡。

我们现在处于网络时代，拥有这样一个有利的载体，我们首先要把中国人的文化自信心和文化主体性重新树立起来。

要树立，首先就要让人们了解；不仅仅是在思想层面了解，也得通过我们各种各样的历史和创造的文明来深入理解、了解我们的文化。我们首先要重点向我们本国的人民传播中国文化。我们的文化要走出去，首先要走回来。我们自己把我们文化的意义、成就发扬起来，才能让世界人民都看到我们文化的特点、优点和长处，让他们来吸收我们的文化，去充实和发展他们的文化。中国文化是要让世界来共享的。要让世界都来共享我们的文化，我们就要把我们的文化大餐制作好。

（原载于《光明日报》2016年6月2日，原标题为《互联网应传播中国文化的根本精神》）

中国文化的根本精神是"人文化成"

中国文化最鲜明的特点就是"人文"。"人文"这个词是怎么来的？我们现在可以看到它最初是跟"天文"相对提出来的。在古籍《周易》的《贲卦·象传》中称："刚柔交错，天文也。文明以止，人文也。观乎天文，以察时变。观乎人文，以化成天下。"这段话后半段的意思是，我们通过对天文的考察，可以看到一年四季的变化；通过人文，就可以教化天下，让这个社会发生变化。所以，中国文化的根本精神就是"人文化成"。

那么，用人文的方法来让这个社会发生变化，究竟要变成什么？就是把人们的恶习等各种各样不好的东西化掉，从而构建一个和谐的社会。

什么叫人文？"文明以止，人文也。"四书的《大学》《论语》《孟子》都特别讲到，做人一定要懂得"止"，知道止于何处。每个人应该根据自己不同的身份了解自己应尽的义务，去做自己该做的事情，去规范自己的言行举止。那么怎样达到这个"止"呢？那就是靠文明，所以叫"文明以止"。

"文化"这个词最初跟"物化"相对，文化是用文的方式去变化，物化是用物的方式去改变。文明呢？就是相对于野蛮、原始、质朴而言，用文来明。《论语》中有这样一段话："子曰：'质胜文则野，文胜质则史。文质彬彬，然后君子。'"在中国文化里，文明就是教化，而教化的核心是让每个人都能够明白自己的身份；不光明白自己的身份，还要认同自己的身份；不光认同自己的身份，还要以此规范自己的言行举止。

所以，通过教化，让人明白做人的道理，规范人的言行举止，改变很多不良的社会习俗，构建和谐的社会秩序，这就是中国人文教育的意义所在。而教化的对象就是人，以人为本。

其实，我们每个人在日常生活中也可以体会到这一最简单的道理。在家里，如果家庭的每个成员都能尽职尽责，那么这个家庭一定很和谐；一个企业、一个部门里面，如果每个人都尽职尽责的话，那么这个单位、部门也一定是有序和谐的。

我们现在常常念《三字经》。《三字经》一开始就是："人之初，性本善。"人性中的恶并不是生来就有的，而是人性中的善没有得到发扬，才会出现恶。《荀子·礼论》有言："人生而有欲；欲而不得，则不能无求；求而无度量分界，则不能不争；争则乱，乱则穷。"人有各种欲望，求而不得就要争，就一定会发生混乱。要让社会每个成员的合理欲求都能得到满足，那就必须制定一种规则，这就是礼的起源。要让这个社会达到一种和谐的状态，就必须制定礼来加以教育。

礼不是强制性的，不是通过外界来构建人与人之间的关系，而是自然而然形成的。古论里面讲人与人之间有君臣、父子、夫妇、长幼、朋友五种人际关系，这里面父子、夫妇、长幼、朋友都是自然的关系，君臣关系是上下级关系，但也可以在某种意义上转化成内在的自然的人际关系。中国人的理念是建立在人与人、人与自然关系的基础之上的，这些关系是不能颠倒的。一个人上有老、下有小，就有两个身份：在子女面前是父母，在父母面前是子女。每个人必须认同自己的身份，只有认同了自己的身份，才知道在什么场合是什么身份，该遵循一些什么样的行为准则。

进一步讲，礼的核心是什么？是不忘本。中国人强调一切都是自然生成的，有三个本不能忘。根据《荀子·礼论》所言，第一，"天地者，生之本也"。没有天地哪来的万物？因此天地不能忘。第二，"先祖者，类之本也"。没有祖宗哪来的我们？中国人的生命观是一种前后相续的生命观，认为个体的生命是父母生命的继续，所以不能忘祖宗。第三，"君师者，治之本也"。人作为一个独立的生命体要跟动物区别开来，就必须懂得做人的道理，那靠什么？靠老师的教育，靠国家的教育。君在这里其实是国的代表，而不是君主。此外，君师中的"师"也是广义上的，所谓"三人行必有我师"，在家庭教育中，父母就是老师；在社会教育中，各种各样的新闻媒体也是老师。所以，过去每家每户过年过节都要祭祖，国家有社稷坛、天坛、月坛，都是用来祭天地、祭祖的。祭祀让我们不忘本。

礼还有一个核心是什么？是敬，敬重，敬畏。要敬重自己、敬重别人、敬重自己所做的事业。还有一个是畏，没有畏，就会无所不为了。做人一定要有敬畏之心，才会懂得有所不为。

所以，中国的人文精神，就是通过教化来让人认识到自己的身份、义务，管束好自己。中国的人文主义是自觉、自律的，这样才能跟各个方面搞好关系：跟我们的生存环境搞好关系，达到人与自然的和谐；跟我们所处社会的各方人士搞好关系，达到人与社会的和谐；自己把内心各种各样的欲望管束好了，达到身心的和谐。

中国文化这种以人为本的精神，对世界是有重大贡献的。16世纪欧洲宗教改革以后，有一大批传教者来到中国，他们把欧洲文化带到中国，同时把中国文化传回去。西方的思想家发现，中国文化不是通过造物者来震慑大家的，而是通过教育来让大家认识到自己的责任、义务，自觉、自律地约束自己，这同样维持了社会的稳定和发展。当时，欧洲有许多思想家都赞叹中国文化，比如伏尔泰、狄德罗等。因为在中国文化中，人的作用得到了充分的肯定，他们要用中国这种以人为本的文化去批判西方中世纪以来以神为本的文化，打倒神的绝对权威，由人来主宰一切。人类要用自己的理性，通过科技的发展来征服自然、改造自然，这样的思想不断发展。

到了20世纪，发生了两次世界大战。此时，欧洲的思想家又开始反思：战争最终的目的是什么？很明显，是资源、财富的争夺。这就意味着人的自我失落，人被资源、财富和科学技术支配了。人刚从神的脚下站起来，又拜倒在物的脚下。所以两次世界大战以后，西方的许多思想家提出要树立新的人文主义。而这种新的人文主义，还是要到中国的传统文化中去寻找。

古人讲："君子役物，小人役于物。"做一个君子，要非常警惕物对人的德行的损害，要提升德行，不能被物所用。中国的人文思想非常强调人文教育，核心就是人的自我德行的提升。很多人认为，人本主义是从西方传来的，却不知道这其实就是中国文化最核心的东西。

（原载于《中国民族报》2016年7月8日；整理者：钱丽花）

中国文化阐释要以"人"为本

中国文化历史悠久，五千年的文明从未中断过。但是，虽然没有中断过，我们今天还是要"发掘"出中国文化的根本精神，因为在西方文化一百多年来的冲击下，我们对于中国文化最主要的一些特点已经不是特别清楚了。

一、中国文化注重"自觉、自律"

比如说，现在有一个比较大的问题，中国文化与西方文化的根本差异究竟在什么地方？我觉得中国文化的根本精神是强调人的"自觉、自律"，强调从自觉上升到自律；而西方文化强调的是他觉和他律，这是根本的区别。所以，一旦我们发掘出了中国文化这样一个特点，我们对民众的教育就应当是培养其"自觉、自律"，而不是简单地依靠"他觉、他律"。完全按照法律的条例来规范民众，那就没有随顺中国文化的根本特点。

近百年来，随着西方文化的传入，在20世纪初，认为中国没有宗教文化曾是一个相当普遍的认识。很多人认为要有一个造物主的信仰才叫宗教文化，人是造物主创造的，是受造物主管的，所以人要对造物主绝对地服从，这样的他觉和他律，中国没有。所以在20世纪初，很多学者写到儒家的时候，因为中国传统文化中也有儒、释、道三教，就反复强调儒教。但是，这里的儒教不是宗教，中国的"教"不是宗教，而是教化的"教"，一定要把"教"与"教化"区别开来。教化是让人自觉、自律，宗教是让人他觉、他律。在西方文化中，"上帝"管你的心，法律管你的行，内外非常统一。然而，在中国文化中，教育或说教化，是化导你的心性，改变你的心性，让你自觉地认识到你的一切言行要自觉地去遵守做人的基本道理。这个方面的区别我们是要再去充分发掘的。

当然，人人都做到自觉是很难的，我们过去有句话常常讲："世风日下，人心不古。"人们越来越难以自觉、自律。本来很多人们在生活中需要自觉遵守的东西，如今不能遵守了，那怎么办？我们便用法律来强制要求，所以，中国历史上一直存在一个现象——"以礼入法"，把自律转到他律的条例中来强制大家遵守。

中国的"礼"，比如"父子有亲，夫妇有别，长幼有序"，都是根据自然关系来构建的一些理念，是一种自然关系的相互尊重，作为人就会习惯性地遵循。礼仪就是生活中自然而然遵循的一些规矩，所以从某种意义上来讲，礼也就是一种法。所以孟德斯鸠在《论法的精神》一书中讲过，中国的礼教里面就包含了法律，这相当于西方文化中的自然法、习惯法，与人为法不同。实际上，人为法应该建立在自然法、习惯法的基础之上。所以，中国的礼教不是强制性的，而是"百姓日用而不知"的一种习惯法，这是其最重要的特点。对于读书人来讲，他是"日用而知"的，他要明白其中的道理，并且通过身体力行去影响社会，让百姓效仿；百姓虽"日用而不知"，但逐渐会成为生活习惯，而这是不需要强制的。

所以，中国的文化应该在这个方面显示出来，这样才是所谓的"礼仪之邦"，即大家在生活中遵守着各种必须遵守的规矩。如果没有这样一种文化，那"礼仪之邦"就名不副实了。

由此，我们需要认识到，中国文化的根本精神是基于人们对于自我的认识来构建的。在中国文化中，自我的认识不仅是对于个人的认识；也不仅是对于个人在家庭里面是什么身份——是父母还是子女、是兄长还是弟弟——这样的长幼、父子的关系的认识；还包含在社会上对于认同各种不同的身份，担负各种不同的责任、职责的认识；甚至还包括对于我们整个人类与天地万物的关系，即我们人在自然中的位置的认识。这都属于自我认识的问题。

中国人很早就认识到，人是万物中最灵、最贵的，正因为人的这种重要性和灵性，人也就参与了天地的变化。《荀子·天论》云："天有其时，地有其财，人有其治，夫是之谓能参。"人类必须认识到自己在天地间的位置，同时也要自觉地约束自身，如果任由人的主动性、能动性发挥的话，可能就天翻地覆了。

我们每个人做事情其实都有一个支配者——"心"。中国文化早就认识到"人者，天地之心也"（《礼记·礼运》）。在天地间，人就是天地的心。人心一动，天地万物随心而动。因此，人要自觉地认识到不能够随意地去发挥我们的主动性、能动性，否则让天地间整个生态都失去了平衡，整个环境都发生根本的变化，人类最终将自食其果、深受其害。

实际上，中国文化中非常核心的一个价值观——"诚"，也是从天地间学习来的。《中庸》讲，"诚者，天之道也；诚之者，人之道也"。可见，"天人合一"这一核心理念是天人合德的。《周易》中的《观卦》讲，"观天之神道，而四时不忒"。我们观察天的变化之道，井然有序没有差错，四季有规律地运行着。它接着讲，"圣人以神道设教，天下服矣"。圣人按照天的这种变化之道来教化，所以天下太平。我们误以为神道是神，其实不然，神是指天地运行规律的"四时不忒"。故而，"神道设教"是指圣人向天学习，按照天的诚信之道来教化民众，使得天下服矣。这里所谓的"神道"的"神"，不是人格神意义上的"神"，而是"阴阳不测之谓神"的"神"。在中国文化中，所谓"文以载道"，是通过文字、文章、绘画、诗歌等各种各样的"文"来载道，人文承载的是自然之道、为人之道。中国文化是最重视人的，是以人为本的。

二、文化自信本质是人的自信

人在万物里面是最贵重、最重要、最有灵性的。所谓最有灵性，就是能够分辨主次、能够做出是非判断，这是人能够分辨而野兽不能分辨的。只有人才有这样一些根本的特点。

之所以有这样一个认识，原因就在于中国文化认为我们这个现实世界才是真实的世界，我们就生活在这样一个真实世界里面。这个真实世界是自然而然产生的，而不是在生活的真实世界之外去寻找另一个世界——神的世界来创造我们这个真实的世界。所以我们这个世界的万物都是自然而然形成的，用中国人的话来讲，就是《论衡》中讲的"天地合气，万物自生"，万物都是自然而然生成的，不是造物主有意志、有目的地创造的。万物也可以说都是平等的，都是一样的；就在这些平等的万物中间，人又具有了某种特性，人跟万物又有差别。人绝对不能够凌驾于万物之上来主宰万物，反而应当顺从自然、顺应自然，适应人所处的世界。万物都是按自身本性来运行变化、圆满的。中国人明确地否定了造物主，晋朝哲学家郭象明确地讲到，造物者无主，万物都是"独化"而来。"独化"是郭象哲学里面的一个核心概念，即独自变化。万物都是"独化于玄冥之境"，万物自己变化、自己完善，不受外在的力量制约，"独化"是自圆、自满的过程。

所以，要树立文化自信，本质上是树立对于人的自信心。人应当有自信心，人应该保持自己的独立性、主体性，不能够做神的奴隶，也不能做物的奴隶。中国文化的一个特点，就是让人既不做神的奴隶，也不做物的奴隶，特别警惕物对人的伤害。我们喜好物是可以的，但是千万不能玩物丧志，让"物"伤害了"人"的志向。人的志向应是求索人生之道。

孔子讲："志于道，据于德，依于仁，游于艺。""道"是无形无象、看不见摸不着的，但每个人心里面都有一个"道"，简单地讲，就是价值观。人的根本追求就是追求最高的道，我们要下学"人伦日用"，上达"天道性命"。在中国文化中，上达是说不清道不明的，所以还有一句话就是"下学可以言传，上达必由心悟"。上达需要自己去体悟，即只有用自己的心灵去体悟，才能真正地悟到人生的大道、天地之大道。下学上达了，言传心悟了，人的自信心就树立起来了，人就有了文化自信。

三、中国人的信仰和人的庄严

近代以来，当我们否定了礼教以后，也就忘了"天地君亲师"，甚至认为不需要这些了，中国人的信仰便空了。后来，我们开始信仰各种各样的理论和主义。实际上，人是不可能信仰真空的。人没有信仰，一天都活不下去。

中国以"天地君亲师"作为最根本的信仰，而且中国所有的宗教信仰都是这样，是"人"的信仰，而不是"神"的信仰。佛教的信仰也不是一个有神的信仰，佛是一个觉悟者，是一个先觉者；菩萨也不是造物主，"菩萨"这个名词本身就是指觉悟的众生、觉悟的有情，也是觉悟的人的意思。严格来讲，在公元前600年前佛教在印度诞生之际，它针对的对象恰恰就是有神信仰、有造物主信仰。中国近代的思想家章太炎就明确地讲过，佛教是一种无神的宗教。章太炎否定了以孔教为国教，他提倡以佛教为国教，认为佛教是无神的宗教，而无神符合时代精神、科学精神、民主精神。他还说，佛教很多精神跟时代相吻合：佛教提倡众生平等，不光人类平等，其他的生命都是平等的；佛教提倡献身精神、利他精神，佛陀为了众生可以把自己的肢体都贡献出来；佛教还非常强调逻辑思维，佛教中的"因明学"就是一种逻辑学，理论冥想的推演。所以，他认为佛教是很符合时代的。

佛教在诞生之际，就是针对婆罗门教神造世界的观点的。佛教认为世界不是神造的，而是因缘而起的。缘起论是佛教根本的世界观，是说万物都是因缘而起的，都是相互关联在一起的，所谓"此生故彼生，此灭故彼灭；此有故彼有，此无故彼无"。佛陀最原初的意义就是让大家自觉、觉悟，所以佛教是讲自觉的，这跟中国文化有相同的地方，跟中国的儒、道文化是相通的，所以佛教传到中国以后，可以说找到了它的根。佛教到了13世纪就在印度本土消失了，可在中国却一直延续到今天。它的消失就是因为被印度的主体文化潜移默化地改变了，所以印度佛教的消失并不是因为伊斯兰教的入侵，而是因为丢失了自己的独立性、主体性。

中国文化中的儒、释、道三教都不主张有一个造物主，不主张人的命运由造物主来决定，而是强调人要为自己做主，要维护人的主体性、独立性。人的庄严性也就在这个地方体现出来。如果人失去了自我，失去了主体性、独立性，还谈得上人的庄严性吗？不是跪在神的脚下，就是跪在物的脚下，人还有主体性、独立性吗？如果中国文化的这一根本精神得不到充分发扬的话，发展下去，人总有一天会完全被物所操控，人的主体性和庄严性到一定的时候会消失殆尽的。一旦人都被物控制住了，人对自己丧失了信心，人活着还有什么庄严可言？

人正在被自己创造出来的东西所奴役，人自己在毁灭自己，人自己在消灭自己，这是很值得人们反思和警醒的。怎样维护好、保持好人的庄严、人的生命的庄严，这是一个非常重要的问题。所以，我们今天对中国文化的阐释，一定要牢牢把握中国文化的基本特点。

（原载于《中国文化研究》2017年第4期）

人本思想为中国文化注入了什么

与西方文化相比，以人为本的人文精神是中国文化根本精神的重要特征。中国的文化不靠外在的神或造物主，而是靠人道德的自觉和自律，强调人的主体性、独立性、能动性。中国家庭秩序和社会秩序的维护都是靠人的道德的自觉和自律。这就是中国文化以人为本的人文精神。

一、 人本精神是中国文化的"土特产"

很多人认为人本主义是西方的舶来品，而不知道它原来是中国文化的"土产""特产"。西方文化中近代以来所高扬的人本主义思想，与中国文化中的人本思想有着密切的关联。

中国从西周以来就奠定了以人为本的文化精神和文化品格，而西方在公元以后奠定的是以神为本的文化，直至欧洲启蒙运动时期才高举起人本主义的旗帜，启发人不要做神的奴隶，要做人自己。它的思想来源之一是古希腊罗马文化，而更重要的来源是16世纪以后传教士们从中国传回去的中国以人为本的人文文化。他们以中国的人本思想去批判欧洲中世纪以来的神本文化，高扬人类理性的独立、自主，把中国看作一种最理想的社会。所以欧洲的人本主义受到中国文化很大的影响。

二、 上薄拜神教，下防拜物教

唐太宗说："以铜为鉴，可正衣冠；以古为鉴，可知兴替。"中国以人为本的人文精神就是通过"以史为鉴"总结出来的，是这个传统的成果。

商灭夏，周灭商，在历史上称为"汤武革命"。这两代的历史给了周王朝非常深刻的教训。周王朝一开始就认识到一个道理——"天命靡常"。天命是会被别人革掉的，想要不让天命转移就要"敬德"，而且要"疾敬德"，努力地、快快地提升自己的德行。这就形成了中国文化的一个根本特性。

中国文化非常强调修身。《大学》的第一句话是:"大学之道,在明明德,在亲民,在止于至善。"这几句是《大学》的"三纲领"。《大学》还有"八条目":格物、致知、诚意、正心、修身、齐家、治国、平天下。这中间,修身是起点和关键。其核心就是,决定人的命运的根本因素是人自己的德行,而不是外在的"天命",人不能成为"天命"(神)的奴隶。

为了保持和不断提升自我的德行,就必须防止物欲的引诱和腐蚀,人不能成为物的奴隶。先秦末期的思想家荀子在书里记载着一条历史上流传下来的谚语:"君子役物,小人役于物。"意思是说,君子能够控制和管理物,而小人就会被物控制住。所以要成为一个有独立性、主体性、能动性的人,就不应该被物管住,不能被物欲腐蚀,否则会丧失品德。

我曾对中国文化这一以人为本的人文特色做过一个简单的描述,即:"上薄拜神教,下防拜物教。"

三、中国文化可以避免"人类中心论"

20世纪上半叶发生了两次世界大战,发源地都在欧洲。为了得到资源和财富,人们不顾道德、不择手段地相互残杀。人被物欲所左右,人又一次自我异化。

因此两次世界大战后,西方一批有见识的思想家又一次高举新人本主义的大旗,而且几乎一致地认为,这种新人本主义的思想资源要到中国传统文化中去汲取。如果说,17—18世纪欧洲启蒙运动时期,从中国文化中汲取以人为本的人文精神文化是为了使人从神的脚下站立起来,做一个有独立主体、理性自由的人,那么20世纪两次世界大战后高举新人本主义的大旗,就是为了使人从物的牢笼中解脱出来,做一个遵循人道、关爱人类、懂得自觉自律的人。

启蒙运动取得了史无前例的科技、人文文化的进步。但在西方,人从神的脚下站立起来以后,就要替代神来主宰天地万物,"科学主义""科技万能"的思想日益滋长,人类自以为凭着人类理性的力量,科学、技术的力量,可以随心所欲地去征服自然、改造自然,这就异化为"人类中心主义"了。而人类对自然的征服与改造,又异化成了过度开发和掠夺自然资源和财富以满足人类的物欲，使人沦落为物欲的奴隶。这也是现代西方社会批判"人类中心主义"思想的根本原因。

其实，在中国文化中，以人为本的人文文化是不会异化成为"人类中心主义"思想的。原因是在中国文化中还有一个重要的优秀传统，即"以天为则"的传统。孔子说："大哉尧之为君也！巍巍乎！唯天为大，唯尧则之。"中国人非常强调以天地为榜样，向天地学习。道家讲的道法自然也是这样，强调人应尊重事物的本然状态。

天地有很多品德。天地从来没有因为喜欢或不喜欢而舍弃一些东西，天上的太阳、月亮、星星也是光明普照的，"天无私覆，地无私载，日月无私照"。很多人说中国的文化讲的是"天人合一"，其实更准确地说应当是"天人合德"，即人与天在德行上的一致。孔子说："天何言哉？四时行焉，百物生焉，天何言哉？"

在中国文化中，神最根本的含义是指万物的变化。最典型的是老子在《道德经》中所说的"上善若水"，也就是说，水具有最高的品德：水总是往下流，普润万物，从来不居功自傲，要求回报，这是谦虚的品德；水也能够包容万物，它没有自己的形状，而是随器赋形，所以孔子说"君子不器"；水还有坚韧不拔、以柔胜刚的品德，能水滴石穿。很多人认为老子所说的自然无为是指无所作为。其实，无为者非不为也，总体来讲是要"推自然之势"，不仅要遵循事物的本然之理，还要看所依靠的环境、条件是不是成熟。所以说，自然无为恰恰是积极的有为。

因此，在中国的文化中，一方面强调人不能做神的奴隶，也不能做物的奴隶，而要做人自己；另一方面也强调不能狂妄自大，去做天地万物的主宰，反而要虚心地向天地万物学习，尊重自然，顺应自然。这就是中国文化中"道法自然""天人合一"的优秀思想，它们与"以人为本"结合，保证了中国文化中的人本主义不可能异化为"人类中心主义"。正确地阐释和弘扬中国文化中以人为本的人文文化的真正意义和精神，将它贡献给世界，是当前继承和弘扬中国优秀传统文化的重要任务。

（原载于《新华日报》2018年2月9日）

立于礼，成于乐

中国文化最根本的特征是以人为本，这种人文精神的养成，主要通过传统的礼乐教育。礼乐教育一方面讲的是"礼"，体现出一种伦理的精神；另一方面讲的是"乐"，体现出一种艺术的精神。艺术精神所包含的意义比一般的艺术教育或者艺术种类宽泛得多，它并不是指诗歌、绘画等艺术门类，而是超越了具体的艺术形式，体现出艺术追求的境界和精神。

可以说，中国文化精神包括伦理的精神与艺术的精神，两者相互融合，不可分割。礼是用来规范人的社会身份和社会地位的，即"别异""明分"，确定每个人在社会上的责任、权利和义务，建立社会秩序；乐是用来"统同""合群"的。社会是一个群体，用礼教将其分成各种不同的身份、地位、等级，明确各自不同的责任、权利、义务；同时又通过乐教使不同等级的社会达到和谐一体。人们通过乐表达志向、情感，通过乐来交流，从而构建起和谐的人际关系。中国文化中的礼与乐是紧密结合在一起的，通过礼乐教化使人成为一个真正的人、合格的人、有高尚品德的人。过去常讲，中国历史文化是一种伦理的文化，这种看法有其片面性，只看到了"礼教"而忽略了"乐教"。乐教从狭义上讲是指音乐教育，包括诗歌、舞蹈在内；从广义上讲，乐教指所有的艺术教育或者美育。孔子曾说："兴于诗，立于礼，成于乐。"（《论语·泰伯》）他主张通过"乐"完成对人的培养，把"乐"看作人格完善的最高境界。因此，如果不了解乐教，不知道中国文化是充满艺术精神的一种文化，那么对中国文化的了解就是不够全面的。

中国的文化是艺术的文化，我们拥有丰富多样的艺术形式。从文学上讲，有汉赋、唐诗、宋词、元曲和明清小说；从音乐上讲，不仅有源远流长的传统音乐，古人还把外来的音乐、舞蹈都吸收进来，使之形式与内容异常丰富。从古代一直延续下来的主要艺术形式有琴、棋、书、画，如果一直上溯，还有"六艺"，即礼、乐、射、御、书、数。这些都是艺术宝库中的精髓，比如古琴和昆曲。中国的古琴是世界上流传至今的最古老的一种弹拨乐器，到现在至少有3000年的历史了。中国的昆曲与印度的梵剧、希腊的悲剧、日本的古典戏剧相比，无论是从剧本的文学艺术、音乐演唱艺术，还是舞台表演艺术，以及整个戏剧理论体系来讲，都更胜一筹。希腊的悲剧早已消亡，只剩下了一些文学作品；印度的梵剧只零零散散地存在于现代印度舞蹈中；日本能剧的历史比中国的昆曲要早几百年，但它从剧本到唱腔，再到表演艺术理论，都没有昆曲那么完整和丰富。因此，昆曲可以说是全世界古老的剧种中保存较为完整的。中国的昆曲、古琴已先后被列入世界非物质文化遗产名录。这些例子说明，中国的很多艺术在世界上已经达到了很高的高度，其价值无法估量。

中国的道德教育和艺术教育紧密结合，道德追求的最高境界实际上也是艺术追求的最高境界。我们经常讲"真善美"，"真"是对知识、真理的追求，"善"是对伦理、道德的追求，"美"是对艺术境界的追求。中国人不仅讲"天人合一"，也强调"真善美"的统一。在根本上，道德的追求和艺术的追求是完全融通、合二为一的。不仅如此，中国人还把艺术精神贯彻到了日常生活中。

有人说，中国人的生活是艺术的生活。总之，中国文化中渗透了一种追求艺术境界的艺术精神，礼乐教化是其中最重要的部分。中国传统文化更注重通过乐来引导社会风气、培养人们的情操。形式固然重要，但只停留在外在，并不是乐的本质。"乐者，非谓黄钟大吕弦歌干扬也，乐之末节也"（《礼记·乐记》），乐并不单纯指奏响黄钟、大吕，唱歌、跳舞都是音乐的末节。其实，此类思想孔子也讲过："礼云礼云，玉帛云乎哉？乐云乐云，钟鼓云乎哉？"（《论语·阳货》）真正的乐教，或者说艺术的精神，是通过外在形式寻求人生最高的境界。音乐的根本在于培养人的品德与德行，而不是单纯培养人的艺事。"德成而上，艺成而下，行成而先，事成而后。"（《礼记·乐记》）德行是最高、最重要的，而艺事是其次的。艺术不是一种竞技性、表演性的活动。"六艺"——"礼、乐、射、御、书、数"中，"射"跟"御"实际是体育活动，但其本质不是竞技性、表演性的，而是要通过体育等活动来陶冶性情，以寻求人生的更高境界。《乐记》把德行放在第一位，把艺事放在第二位。通过艺术，人们追求人生的根本道理。陶冶情操、提升人生境界需要由艺入道，同时要用道来统摄艺，这应该是中国乐教中最根本的精神。

（原载于《北京日报》2017年10月9日，原标题为《立于礼，成于乐——中国文化中"礼教"与"乐教"的和谐统一》）

发扬传统文化的人文特色

一、科学时代信仰的缺失与重建

当今时代是一个讲科学的时代，是一个科学占据了话语权的时代，什么问题都要被问科学不科学。科学成为一切事物发展的标志，然而科学文化，尤其是我们今天所指的科学的概念，只是整个人类文化发展过程中的一环。

科学这个概念有多种含义，其最基本的含义是《辞海》《辞源》上所讲的"分科的学问"，我们当今的文化样式就是将学科分门别类。在中国传统文化中，学科则一直是综合不分的，简单来说就是传统文化是以综合性的学科派别来划分的。这是古今文化样式的区别，这种文化样式的不同造成今天人们在认识传统文化时出现很多偏差。

自20世纪新文化运动以来，有观点认为，中国传统文化中既没有哲学，也没有宗教，更不用说科学了。以儒学为例，它既不是宗教，也不是哲学，其本身是综合的，按照分科的观点，就什么都不是。得出这种结论的原因是，我们没有分清楚传统文化和近代以来的文化样式是不同的：前者是综合的，后者是分科的。用分科的去评判综合的，传统文化似乎就被消解了。

在中国宗教中，我们信仰的神都是天地万物本身。天地万物变化莫测，本来晴空万里，突然雷雨交加，我们认为那一定是有"雷公"和"雨师"，我们不认为是超自然的"上帝"在发怒。而在西方文化中，神是造物主、救世主，天地万物都是由神创造的，他们要重新唤起人们的自觉性，靠的是法律的权威和"上帝"的威严。中国文化中没有"上帝"的观念，没有造物主、救世主的观念，我们是自己救自己，强调对得起良心，对得起天地，对得起祖先、子孙。

现在，我们缺失的是敬畏：对自己的敬畏，对他人的敬畏，对世界的敬畏，对天地万物的敬畏。所以，我们回归传统文化，就是要帮助人们重新确立敬畏之心。有这么一句口头语可以说明东西方文化信仰的差异，西方人一开口，说："Oh, my God!"中国人一开口叫："天哪！"西方人信仰的是"上帝"、造物主，而中国人信仰"天"。西方人信仰"上帝"、敬畏"上帝"，是因为"上帝"是一切生命能够维持的根源，"上帝"会拯救灵魂，人上了天堂将与"上帝"同在。因此，要对"上帝"持有一种敬畏之心，要懂得感恩。中国文化也是一样，它告诉我们不要忘本，要懂得感恩，要怀有敬畏之心。其实所谓的信仰，包括宗教信仰在内，无非就是告诉我们做人不能忘本，要懂得感恩，要有一种敬畏之心，所有的宗教信仰最后的落脚点都是这三点。

今天，我们应重新反思礼乐教化，礼教是不是只有"吃人"的一面？礼教是不是还有让我们真正懂得怎样做人的道理在其中？欧洲启蒙运动思想家孟德斯鸠曾将中国礼教的内容分为四类：宗教、法律、习俗和礼仪。其中，法律是指一种自然法，是人们所遵循的自然规范，不强制约束。这跟我们现在所讲的带有强制性的法律不同。

在中国传统文化中，儒学贯穿着乐教。礼教相当于宗教，乐教相当于艺术，而理学相当于哲学。儒家崇拜的是"天地君亲师"，荀子将其概括为"礼"之"三本"。"天地者，生之本也"，天地是生命的本源。"先祖者，类之本也"，先祖是这一类生命的本源。"君师者，治之本也"，君师的教育，让我们懂得做人的道理，懂得跟其他人相处的原则，懂得感恩。这就是我们的信仰，也是我们做人之根本，更是我们生存之根本。

我们常常讲，做人做事要对得起天地良心。天，本是指生万物的天、自然的天，而这里还指祖先、子孙后代以及同胞百姓。春秋时期齐桓公和管仲曾有一段对话，齐桓公问管仲："王者何贵？"管仲回答说："贵天。"齐桓公就抬头看看天。管仲说："所谓天者，非谓天者，非谓苍苍莽莽之天也。君人者，以百姓为天。"天就是老百姓意愿的体现和反映。所谓"良心"，良也是天，就是要我们做人仰不愧于天、俯不怍于地，中间对得起自己的良心。所以，中国人的信仰是要对得起天地良心。

简单来讲，对得起天地良心就是要敬重天。敬是礼的核心。康有为在戊戌变法失败、游历11个国家后回来说，中国要强大起来必须得有自己的信仰，有一个相对稳定、统一的精神支柱作为支撑。

儒家要成圣，道家要成仙，佛教要成佛，都是靠自己的修养、修行、觉悟而超越自我，而不是靠造物主的拯救。中国的宗教信仰本身就是充满人文精神的，从中我们也可以看到中国传统文化以人为本的核心精神。

总之，礼教的目的就是要让我们懂得做人的道理。而这个道理，不是靠外在的力量，而是靠我们每个人的自觉、自律，即所谓"为仁由己"。

二、以人为本的中国传统文化精神

与西方文化相比，以人为本的人文精神是中国文化最根本的精神，也是一个最重要的特征。中国文化宣扬的不是靠外在的神或造物主，而是靠人本身道德的自觉和自律，强调人的主体性、独立性、能动性。这就是中国文化以人为本的人文精神。

"人文"这个词，最初出现在《周易》里："刚柔交错，天文也。文明以止，人文也。观乎天文，以察时变；观乎人文，以化成天下。"人文就是不以武力，而以一种文明的办法，以诗书礼乐来教化人民，由此建立起一个人伦有序的理想的文明社会。这便形成了中国传统文化中两个十分显著的特点。一是高扬君权，重视师教而淡化神权。中国古代最崇敬的是"天地君亲师"，"天地"是万物的生命之源；"亲"是某一类生命的来源，代表的是某一类的祖先；而"君"（国）和"师"是教化的根源。在中国文化中，那种至高无上、全知全能的神是没有的。在中国历史上，神权从未超过王权。二是高扬明道正谊，强调人的道德的自我提升和完善。既然人在天地万物中是最有主动性和能动性的，那么人自身的提升就是最根本的。所以在中国文化中，明道、正谊、节制物欲、完善自我人格的观念深入人心。

中国文化最根本的特征就是以人为本，以人为中心，体现出一种人文精神，这种人文精神主要是通过传统的礼乐教育来完成的。于是，"观乎天文，以察时变"，通过对天文刚柔交替的观察，来发现万事万物的次序变化。"观乎人文，以化成天下"，人文化成是中国文化中最核心、最根本的内容。人文化成，即通过礼乐教育来改变人的习性，形成一个整体、和谐的社会环境。中国教育的最终目的就是"化民成俗"，它不在于传授知识，而在于形成良好的习俗。比如诚信，既不自欺也不欺人，做事情尊重自己也尊重别人。所谓"建国君民，教学为先"，治理国家管理民众，需要教育，需要以人文来"化民成俗"。这就是中国传统文化最根本的特质。今天我们要继承和发扬传统文化，不但不能丢弃这一特质，而且它是我们极其需要的。

在中国文化中，自西周以来就奠定了以人为本的文化精神和文化品格，而西方直至欧洲启蒙运动时期才高举起人本主义的旗帜，启发人不要做神的奴隶，要做人自己。它的思想来源之一是古希腊罗马文化，而更重要的来源是16世纪以后传教士们从中国传回去的以人为本的人文文化。他们以中国的人本思想去批判欧洲中世纪以来的神本文化，高扬人类理性的独立、自主，认为中国是一种最理想的社会。由此可见，欧洲的人本主义是从中国传过去的，且受到中国文化很大的影响。

西方人利用中国的人本思想去冲破西方中世纪神学文化的束缚，并将人的作用放大，使人从神的脚下站起来，并去主宰一切，继而改造世界、征服自然。20世纪的两次世界大战，追究战争发生的最终目的，无非是资源、财富的争夺。人为了得到资源和财富，而不顾道德、不择手段地相互残杀。人完全被物欲所左右，人又一次自我异化，丧失人的主体性、独立性和能动性，而沦为物的奴隶。因此两次世界大战后，西方一批有见识的思想家，又一次提出要确立人本主义，高举起新人本主义的大旗，而且几乎一致认为，这种新人本主义的思想资源要到中国传统文化中去汲取。

在西方传统文化中，当人从神的脚下站立起来后，人的主体性、独立性、能动性得到肯定，人就要替代神来主宰天地万物了。随着理性的肯定、科学的发展、科技力量的增长，人们喊出了"人定胜天"的豪言壮语，认为人类应当而且能够征服自然、改造自然，并且在作为人类理性力量的成果——科学和技术的日益发展、进步下，"科学主义""科技万能"的思想日益滋长。人类自以为凭着人类理性的力量，科学、技术的力量，可以随心所欲地去征服自然、改造自然、主宰宇宙。原来与神本文化相对的人本主义逐渐被异化为人类要去主宰天地万物的"人类中心主义"了。而人类对自然的征服与改造，又异化为对自然资源、财富的过度开发和掠夺，使人沦为物欲的奴隶。这也是现代西方社会批判"人类中心主义"思想的根本原因。

然而，在中国文化中，以人为本的人文文化却不会异化为"人类中心主义"思想，其原因在于中国文化中存在一种"以天为则"的传统。中国人讲"天人合一"，尊重自然、顺从自然，这是中国文化的根本特点。其核心就是决定人命运的根本因素是人自己的德行，以"德"为本，而不是外在的"天命"。为了保持和不断提升自我德行，就必须防止物欲的引诱和腐蚀，人不能成为物的奴隶。《荀子·修身》中有云："君子役物，小人役于物。"意思是说，君子能够控制和管理物，而小人就会被物控制住。所以人绝对不能去做万物的主宰，相反，恰恰是要向天地万物学习。中国人非常强调以天地为榜样，向天地学习。如果去孔庙，人们就可以看到，我们是用"德配天地""德侔天地"来赞扬孔子的。圣人的品德能够与天地相配，与天地一样高明、博厚。道家讲的"道法自然"也是这样。"自然"不是现在自然界的概念，而是说事物的本然，是自然而然、本然的状态。"道法自然"就是强调人应尊重事物的本然状态。

我们不仅要向天地学习，还要向万物学习。"离离原上草，一岁一枯荣。野火烧不尽，春风吹又生。"这是要人们学习小草坚强的生命力。而最值得人学习的物，是水。老子《道德经》中说："上善若水。"就是说，水具有最高的品德。很多书里记载，孔子遇水必观。中国最注重向万物中的水学习。水总是往下流，普润万物，从来不居功自傲、要求回报，这是谦虚的品德。水也能够包容万物，它没有自己的形状，而是随器赋形。水还有坚韧不拔、以柔胜刚的品德。水滴石穿，最柔弱的水滴穿了坚硬的石头，就是因为水有坚韧不拔、坚持不懈的精神。古人说女人是水做的，女人柔弱，可女人又有一种韧劲儿。以柔克刚，刚柔相济，这是双赢。很多人认为老子所说的自然无为是指无所作为。其实，无为者非不为也，而是"推自然之势""辅万物之自然而不敢为"。辅助当然要有动作、行为，但不敢以自己的私志、嗜欲去干预事物。不仅要遵循事物本然之理，还要看其所依靠的环境、条件是不是成熟。所以说，自然无为恰恰是最积极的有为。

因此，在中国文化中，一方面强调人不能做神的奴隶，也不能做物的奴隶，而要做人自己，保持人的主体性、独立性和能动性；另一方面也强调人不能狂妄自大，去做天地万物的主宰，而是要虚心地向天地万物学习，尊重自然、顺应自然。这就是中国文化中"道法自然""天人合一"的优秀思想。

三、中国文化中的"艺"与"道"

中国的文化是艺术的文化,科技快速发展改变着整个社会环境的同时,也物化了艺术。

在中国文化里,"艺"这个概念非常宽泛。《礼记》记载孔子经常讲要以"六艺"来教育青少年。这里的"六艺"指礼、乐、射、御、书、数。礼、乐属于基本的文艺,指各种各样的礼仪规范,包括唱歌、跳舞,相当于"文艺"。射、御属于体育运动,也可称为"武艺"。至于书、数,传统的解释是"书"为"六书",即中国文字起源的六个方面:象形、指事、会意、假借、转注、形声。"书"也常指写字、书法。"数",古代指数字和各种各样的计算方法,即算术,后来发展为术数,包括天文、地理等,可以称为"技艺"。"六艺"之中包含文艺、武艺、技艺,范围非常广,涵盖了日常生活方方面面的知识和技能。朱熹在《大学章句·序》中讲:"人生八岁……皆入小学,而教之以洒扫、应对、进退之节,礼乐、射御、书数之文;及其十有五年……皆入大学,而教之以穷理、正心、修己、治人之道。"古代儿童8岁入小学,在15岁之前学洒扫、应对、进退之节,可见古人从小就要学习"艺"层面上的诸多知识,这对于提高个人修养非常重要。此外,小学还学礼乐之文,习惯成自然,长大以后自然遵守规范而行事。

武艺中"射"这项体育活动从古到今从来没有断过,只不过形式变了。古人非常重视"射",因为这可以提升自身修养。《礼记》里讲,若要射中靶心,首先要端正身体;其次要专心致志,心无旁骛;再次,万一射不中,不能去埋怨靶不对,而是反求诸己、反躬自问。古人在"射"这一武艺中培养心性和技艺。现在社会中很大的一个问题就是怨气冲天,大家你怨我、我怨你,怨天怨地、怨人怨事。怨气是一股很厉害的戾气,如果每个人都能够反省一下自己,社会就会和谐得多。技艺的内涵也很丰富,包括中医,还包括制造器物等。

中国的艺术一定是跟内在的精神、价值观和理念联系在一起的,我们把这种内在的精神、价值观和理念称为"道"。我们学习"艺"是为了上升到"道"的高度，而非仅仅只满足于技能的提升。我们在生活层面广泛地享用"艺"的成果并深受"艺"的影响，"艺"既能提供享受又能危害于人，应用不好便适得其反。

中国文化要从道和艺两个层面来看，不可分离。所以我曾经提出"以道统艺，由艺臻道"的精神，"臻"就是达到的意思，即要用道来统艺，也就是我们的文艺创作活动需要寄托一种理念、价值观和精神。

拿绘画来讲，"唐宋八大家"之一的欧阳修曾说："古画画意不画形。"就是说画画最重要的是画的内涵、意境，以及所体现出的作者的精神状态，让人们从中体会并陶冶性情。苏轼也讲："论画以形似，见与儿童邻。赋诗必此诗，定知非诗人。"也是强调看画要看画中所体现出来的意境，要看它能够给人们什么样的人生启迪，而非技巧。有诗云："未出土时先有节，便凌云去也无心。"这两句话以竹子做比喻，让人们领会当一个人在没有出头、默默无闻时要坚守气节，要有大丈夫精神，而到飞黄腾达时也要虚心谦下。说到气节，我讲一个小故事。20世纪30年代，北大一群教授在聊天，聊到大丈夫的气节问题。大家都说，大丈夫的气节，《孟子》里讲得很清楚，大丈夫要"富贵不能淫，贫贱不能移，威武不能屈"。做到这三条很不容易。这时，胡适先生在一边淡淡地说，照他看，还得加一条："时髦不能赶。"我认为这条加得太好了。现在有很多人，一赶时髦就伤到了气节。

中国的昆曲，可以跟印度的梵剧、希腊的悲剧、日本的能剧相提并论，并较它们更胜一筹。对于乐教，孔子曾经讲过这样一句话："兴于诗，立于礼，成于乐。"即通过乐来完成对一个人的培养，把乐看成人格的最高境界。在中国，道德教育和艺术教育的紧密结合是道德所追求的最高境界，常常也是艺术所追求的最高境界。我们讲"真善美"，"真"是对知识、真理的追求，"善"是对伦理、道德的追求，"美"就是对艺术境界的追求。中国人不仅讲"天人合一"，也强调"真善美"的统一。道德的追求和艺术的追求在极值点上是完全融通、合二为一的。有人说，中国人的生活是艺术的生活。

因此，艺术的实践和发展一定要遵循以道统艺、由艺臻道的传统精神，努力恢复艺术陶冶性情、净化人心、提升人生、和谐社会的本来功能，不要再让艺术异化为比拼技巧、追逐名利、刺激感官、煽动人欲、腐蚀人心、污染社会这样一种玩物丧志的状态。《论语》曰："志于道，据于德，依于仁，游于艺。"为了求道，立志是第一位的，如果沉迷于玩物，那就容易丧志。艺与道不能脱离，艺若无道则没有灵魂。学艺如不能上升至道，那就只能沦为技艺。

天地万物，道通为一。道贯穿万物，并与万物融为一体。它无形无状，正所谓"大道不器"，包容万物。器是指具体的事物。我们经常说一个成语"大器晚成"，其实老子的原话是"大器免成"，"免成"就是没有成。这也是鼓励人们不要泄气，积极努力就会成功。从思想层面看，器是指包容性。还有一句俗语："量小非君子，无毒不丈夫。"其实，这句俗语本来应写作："量小非君子，无度不丈夫。"度和量是相对的，就是说度量小的人当不了君子，没有气度也当不了大丈夫。"度"被误传成"毒"了。

作为无形无象的道来说，它存在于事物变化之中。有生就有死，这是自然规律。儒、释、道三家都讲气，各自所讲都不一样，但都有一特点，即都是从最高层次上来讲的。儒家育正气，要求为人正直、诚意正心、不自欺；道家养真气，强调保住先天之气，不受后天干扰；佛教化怨气，规劝人们以感恩之心化解怨恨。因此，育正气、养真气、化怨气可说是儒、道、佛三家所提倡的上达之学。古人说："下学可以言传，上达必由心悟。"这是要靠自己的心去体悟的。各种门类的"艺"都是可见、可听、可感的，必须通过听、闻、视、触去体会其内部所包含的道理；通过感受外在的形象，达到对其内在理念、观点的体悟与认同，以得到更高层次的智慧。

我们要遵循以道统艺、由艺臻道的传统精神，在"艺"中把握"道"，让"艺"为我们的养生、修心、审美及和谐社会的建设服务。

（原载于《人民政协报》2015 年 12 月 14 日）

发扬人文精神，重视自我修养

孔子是我国历史上一位伟大的思想家和教育家，也是一位享誉世界的文化名人。他创立的儒家学说，两千多年来对中华文化的发展，对传统伦理观念和道德规范的形成，对中华民族精神的树立都有着深远的影响；而且对我国的周边邻国、东亚地区，乃至欧美西方世界，也有着广泛而深刻的影响。

以孔子为代表的儒家学说，如经过科学的实事求是的分析与批判，去除其封建性的糟粕，那么还是有不少合理的因素可以为现代社会、现代人所借鉴，为现代文明的建设服务。这里我想仅就孔子儒学中的人文精神与自我修养两个方面谈一点个人的看法。

一、孔子儒学中的人文精神

中国传统文化的基本特征之一，就是它鲜明的人文精神。而这种人文精神的确立，与孔子儒学的大力倡导、弘扬是分不开的。所谓人文精神，其核心就是以人为根本，不为神役，不为物役，通过礼乐伦理教化，达到人与自然的和谐、人与社会（人与人）的和谐，以及个人身心的和谐。

在中国典籍中，很早就有"人"是天地所生万物中最灵、最贵者的思想。如《尚书·泰誓》中说："惟天地，万物之母；惟人，万物之灵。"《孝经》中则借孔子的名义说："天地之性（生），人为贵。"荀子则说："天有其时，地有其财，人有其治，夫是之谓能参。"（《荀子·天论》）这里的"参"字是"叁（三）"的意思。整句话的意思是说，人以其能治天时地财而用之，因而与天地并列为三。而在天、地、人三者中，人处于一种能动的、主动的地位。从生养人与万物来讲，当然天地是其根本；然而从治理人与万物来讲，则人是能动的，操有主动权。就这方面来说，人在天地万物之中可以说处于核心的地位。因此，无论在对自然的治理方面，还是在对社会的治理方面，主动权都在人自身，人不应当听命于神。

荀子曾明确宣称："天行有常，不为尧存，不为桀亡。应之以治则吉，应之以乱则凶。"他提出了"制天命而用之""理物而勿失之"的人定胜天的光辉思想。儒家认为，人要治理和改造自然，必须充分发挥人的智慧和能力，但绝不能是人的随意逞能，而是要"顺自然""不违天时"，即必须尊重自然的客观规律。儒家把大禹治水的智慧看成"顺自然"而治理自然的典范，朱熹在讲述此事时说："禹之行水，则因其自然之势而导之，未尝以私智穿凿而有所事，是以水得其润下之性而不为害也。愚谓，事物之理，莫非自然。顺而循之，则为大智，若用小智而凿以自私，则害于性而反为不智。"（《四书章句集注》）在治理自然的过程中，人与自然的关系是一种平等、和谐的关系。

周初人在考察夏、商两代兴亡、治乱的历史时，已认识到其关键在于人，而不在于神。它们的兴盛是由于有德和得民，而它们的衰亡则在于失德和失民。由此，他们总结出了"皇天无亲，惟德是辅"（《尚书·蔡仲之命》）的道理，提出了"以德配天"的行为准则。这里的"天"有祖先神、天命等含义，然如果结合当时流行的"天视自我民视，天听自我民听"（《尚书·泰誓》）的说法，则在"以德配天"的观念中，其伦理道德的因素无疑大大超过了其宗教的色彩。相传，春秋初管仲便直截了当地对齐桓公说："君人者，以百姓为天，百姓与之则安，辅之则强，非之则危，背之则亡。"（《说苑》卷三《建本》）

因此，"人事急于神事，民意重于神意"的观念深植于中国传统文化之中。以至于当季路向孔子问"事鬼神"之事时，孔子相当严厉地斥责说："未能事人，焉能事鬼！"（《论语·先进》）而当孔子在回答樊迟问"知"时，则又说："务民之义，敬鬼神而远之，可谓知矣。"（《论语·雍也》）"务民之义"是"人有其治"的具体体现，人之治如果搞不好，鬼神也是无能为力的。所以说，只有懂得近人而远鬼神，把人事放在第一位，切实做好它，才能称之为"知"。这也许就是在中国传统中，把建设好政权看得比崇拜神权更重的文化上的根源。

二、 孔子儒学中的自我修养

孔子儒家学说中不为物役的人文精神，则大量体现在有关心性道德修养的理论中。荀子在论及人"最为天下贵"时说："水火有气而无生，草木有生而无知，禽兽有知而无义，人有气、有生、有知，亦且有义，故最为天下贵也。"（《荀子·王制》）"义"是指遵循一定伦理原则的行为规范，所谓"夫义者，内节于人而外节于万物者也"（《荀子·强国》）。这就是人类与万物，特别是与动物（禽兽）的根本区别之所在。

荀子的这一观点是很有代表性的。在中国传统文化中，绝大部分的圣贤都持这样的观点，即把是否具有伦理观念和道德意志看作人的本质，作为区别人与动物的根本标志。如孟子也说过："人之所以异于禽兽者几希，庶民去之，君子存之。"（《孟子·离娄下》）那不同于禽兽的一点点，就是人的伦理意识和道德感情。孔子在回答子游问孝时曾说："今之孝者，是谓能养。至于犬马，皆能有养。不敬，何以别乎？"（《论语·为政》）孟子则说："人之有道也，饱食、暖衣、逸居而无教，则近于禽兽。"（《孟子·滕文公上》）

孔、孟的这两段论述都强调，只有具有自觉的伦理意识和道德感情，才能把人的行为与禽兽的行为区别开来。因为明于伦理和只求物欲满足是人与禽兽区别的根本标志，所以人的伦理与物欲的关系问题一直是中国儒家和传统哲学中非常重要的主题之一。这也就是中国传统文化，尤其是儒家学说，把人格的确立（以区别于禽兽）和提升（以区别于一般人）放在第一位，而且把伦理观念、道德规范的教育和养成看作一切教育之基础的根源之所在。

在中国历代圣贤的心目中，正确认识和处理伦理与物欲的关系问题是确立人格和提升人格的关键。对于这一问题，儒家学说大致是从三个层次来进行探讨的。一是理论层次，讨论"理""欲"问题；二是实践层次，讨论"义""利"问题；三是修养（教育）层次，讨论"役物""物役"问题。概括地讲，在理论上以"以理制欲""欲需合理"说为主流，部分思想家将其推至极端,而提出了"存理灭欲"说;在实践上以"先义后利""重义轻利"说为主流,部分思想家将其推至极端,而提出了"正其谊不谋其利,明其道不计其功"之说;在修养上则概以"役物"为尚,即做物欲的主人,而蔑视"物役",即沦为物欲的奴隶。

人不应当"役于神",更不应当"役于物",人应当有自己独立的人格。众所周知,18世纪欧洲的启蒙运动,高扬人本主义去冲破西方中世纪神本文化的牢笼,然而诚如当时那些主要思想家所言,他们倡导的人本主义,从中国儒家学说的人文精神中得到了极大的启发和鼓舞。而当今东西方思想家注目于中国传统文化和哲学,则恐怕主要是有鉴于中国传统文化和哲学中那种提升人的精神生活、道德境界的人文精神,可以用来抵御日益泛滥的拜金主义和拜物教,以及由此而造成的人类的自我失落和精神空虚。这大概也就是中国儒家学说和传统文化中的人文精神还值得人们在今日来认真研究和发扬一番的理由吧!

三、 儒家的心性修养学说

儒家的心性修养学说是新文化运动以来批判旧道德的重点内容之一。尤其在"文革"中,儒家心性修养之说遭到彻底的否定。即使在专门的"伦理学"教科书中也很少讲到关于"心性修养"的内容。

随着我国改革开放的深入发展和国际交流的广泛开展,人们越来越感觉到我国国民素质亟待提高。而且,人们也越来越意识到这种国民素质的提高应当是一种全面的提高。也就是说,它不仅是现代科技知识的提高,而且包括一般人文知识的提高,以及为人之道的提高。而从某种意义上来说,为人之道的提高,亦即基本做人准则、伦理观念、道德规范的确立和提高,在国民素质的养成和提高中具有更为根本、更为重要的意义。而为人之道的养成和提高,主要靠教育(社会教育、学校教育、家庭教育)和自我修养。这里,教育是外在的、被动的,自我修养则是内在的、主动的。伦理道德的践行既有外在的他律约束,更需要内在的自律、自觉。儒家十分重视教育在基本伦理观念和道德规范养成方面的作用,但是在培养伦理观念和道德规范的自觉，以及不断提升人格境界方面，则更为强调自我的修养功夫。孔子说："为仁由己，而由人乎哉？"（《论语·颜渊》）这就是强调道德的自觉、自律。自我心性修养既是主动养成正确伦理观念和不断提升人格境界的途径，更是在行为上自觉实践伦常义务、道德规范的自律功夫。于是，自我修养的问题从理论上、实践上重新引起了社会的关注和重视，人们开始为"修养论"恢复名誉。

人们一般都把儒家的修养论理解为仅仅是道德方面的修养，其实儒家所讲的修养，是以道德为中心的一个人的全面素质修养。儒家学者认为，道德修养不是孤立的，而是与一个人的全面素质密不可分的。因此，儒家所讲的修养论同时也包括文化知识、文学艺术、职业技能，乃至日常生活中的礼仪规范等的学习和提高。儒家学者把日常生活中的各种礼仪规范，如洒扫、应对等，也看成进德成业不可或缺的修养内容。这是很有道理的。试想，一个连最起码的生活中的礼仪都不愿意做或做不好的人，怎么可能成为一个有高尚品德和能成就大事业的人呢？

事实上，现代社会对每一个人的素质要求更高。科学越发展，人类驾驭和支配自然资源的力量越强大，也就要求人们能更自觉地约束自己，节制自己的欲求，而且要学会尊重自然，爱惜资源，树立起一种"生态伦理"的观念来。在这方面，儒家伦理强调的"不违天时""节用""御欲"，反对不时砍伐、渔猎，讨伐"暴殄天物"等思想是很值得我们今天借鉴的。同样，民主越发展，个人越自由，同时也就要求每个人都能更加自觉地约束自己，更加懂得尊重他人，树立起一种人人平等自由的"人际伦理"观念来。在这方面，孔子说的"己所不欲，勿施于人"的"恕"道等，即使在今天也不失为一条有益的教训和人际伦理的准则。

孟子说："天将降大任于斯人也，必先苦其心志，劳其筋骨，饿其体肤，空乏其身，行拂乱其所为，所以动心忍性，增益其所不能。"（《孟子·告子下》）对于生长在现代优裕生活环境中的青少年，尤其需要有这种"自找苦吃"的自我修养精神，否则是担负不起未来的人类社会建设任务的。值得一提的是，1995年纪念五四运动76周年时，北京大学的研究生会曾倡议发起了一项以自我修养为中心，继承发扬传统美德，树立新一代大学生精神风貌的道德建设工程。这一消息在报纸和电视台发布后,全国许多高等院校热烈响应,纷纷开展了道德建设工程。这是一件十分可喜的事。它完全是学生自动发起的,道德建设的重要性是他们从时代、社会的要求和自身形象的塑造中体会出来的,所以既亲切又真实。在他们所制订的工程计划中,学习传统伦理学说是重要内容之一。这就充分说明,即使是青年,也已认识到传统伦理,包括儒家伦理,在建设现代社会文明中还是有重要意义的。随着社会对传统文化、儒家伦理的种种偏见和误解的消除,再去掉那些儒家伦理中的封建性糟粕,可以相信,儒家伦理是能够为现代中国的经济建设和文化建设做出积极贡献的。

(原载于《孔子研究》1999年第4期)

自觉、自律精神是中华文化的一个根本特点

中国文化历来都是一个多元的、包容的文化，它在形成自己主体根基的基础上，吸取其他文化有益的部分来发展自己。简单来讲，中国文化跟世界上其他文化的最大区别，就是中国文化是以向内为主的，而其他文化是以向外为主的。中国文化注重人自身。

一、 中国文化的根本特色是管好自己、管住自己

我们个人的言行举止是由什么来支配的？用中国传统的说法来讲，就是"心"。我们的心怎么想，我们就怎么去讲、怎么去说。当你成为一个人以后，支配你肉体活动的都是你的思想、你的心。我们常说，一个人的心念很重要。一念之差，就会万劫不复。我们需要端正自己的心术。

《礼记·礼运》说："人者，天地之心也，五行之端也。"人在天地之中的位置，就像心在人体上的地位。人是集五行（金、木、水、火、土）的精华而成的。人的一言一行、一举一动，都会让天地万物发生各种各样的变化。所谓"天人感应"，天地本有自己运行的规则，但人去干预以后，天地就会发生各种各样的变化。人是很渺小的，但又能对万物的变化发生作用。道家讲顺应自然，"辅万物之自然而不敢为"，就是告诫人们要认识万物自身发展的趋势，不能按照人类的想法去随意改变。

在人类社会中，存在着人与人之间的各种关系。在人与人的关系中，又有内在的和外在的关系。在中国文化中，宇宙万物都是自然生成的，不是造物主造出来的，物与物之间有着内在的关系。人与人之间内在的关系体现为生命之间的血脉联系。在人与人的关系中，中国文化强调的是"向内"而不是"向外"，强调任何事情都要反求诸己、反躬自问。

中国的教育传统是"为己之学"。《论语》说："古之学者为己，今之学

者为人。"《荀子》说，"君子之学"，就是"以美其身"，让自己的人格更加完美；就是"入乎耳，箸乎心，布乎四体，形乎动静"的过程。而"小人之学"，就是"以为禽犊"，把学习当作一种积攒财富的手段，然后拿着这些财富去做交易。荀子讲，"小人之学"没有对人生产生任何的作用，只不过是贩卖家而已。

中国文化认为，一切的学习都是为了提高自身。《大学》说："自天子以至于庶人，壹是皆以修身为本。"中国文化又是一种"修身文化"。《大学》有"三纲领""八条目"。"八条目"其实是一个修身的过程。朱熹在《大学章句序》中，把它分为"小学"和"大学"两个部分。小学的年龄段是8—15岁，主要学习洒扫、应对、进退之节（日常的生活规范）和礼乐、射御、书数之文（六艺）；15岁之后入大学，学习的是穷理、正心、修己、治人之道。这是对"八条目"的简化与总结，强调把自己"修"好，才能"治人"。中国文化的根本特色是管好自己、管住自己。

二、发扬中国文化的自觉、自律精神

孔子思想中最重要的，就是强调"仁"的概念。孔子之所以强调"仁"，是为了挽回春秋时期礼崩乐坏的状态。怎么挽回呢？就是把人们一切的行为都回归到周礼上去，回到原原本本的"仁"。

《荀子》说："知者自知，仁者自爱。"《老子》说："知人者智，自知者明。"中国文化最根本的精神就是自爱。只有自爱的人，才会去爱人，也才会被人爱。一切都要从自身做起，才是中国文化自觉、自律的理念。

自觉、自律也是一种道德的观念。在先秦时期，"道德"与"仁义"是相对的。道德是一种天性，而仁义是一种规范。从某种意义上讲，仁义也就是一种修饰。"质胜文则野，文胜质则史。文质彬彬，然后君子。"能够把内心的质朴与外在的修饰结合起来，才是真正的君子。外在的表现都是内心本质的一种表露。文明以止，也就是要通过外在的教育让人明白"止"的道理。

所谓"礼"，它的作用在什么地方？"礼别异"，就是通过礼，让我们认识到人与人之间的不同状态及区别。人与人是平等的，但不等于人与人的身份是一样的。我们要通过礼来认识不同的身份，还要认识到不同身份背后担当的责任和义务。作为父母，"生而养，养而教"就是他们的责任；作为子女，"父慈子孝"，对应的责任就是孝（还包括顺、敬等）。父母养育子女，子女孝敬父母，是一个自然的过程。魏晋玄学家王弼对"孝"的定义最为妥帖："自然亲爱为孝。"孝是一种自然亲爱的伦理。相比于西方文化，中国的传统文化更强调职责，强调尽伦尽职。它教导人们通过礼乐教化明白自己的身份，然后按照自己的身份去尽自己的职责。

　　人类不仅需要自我管理、自我节制，还需要把这种管理与节制扩于万物中。1955年，我到北大求学，那时的海淀区还随处可见水塘。而现在，很多水塘都消失了。现在我们强调"生态伦理"，但还要建立"科技伦理"。什么是"科技伦理"？就是在我们人有能力去做的时候，还要考虑该不该做。要更多地考虑到我们跟万物的关系，考虑到子孙后代，考虑到能不能可持续发展。这是一个人的自我认识问题，也是一个科技伦理的问题。我们人要有一种自觉性，要发扬中国文化的自觉、自律精神。

　　人文文化还可以相对于另一面来讲，也就是"物文文化"。物文文化就是一切以物为中心。20世纪的两次世界大战引起了西方很多人的思考：人从神的光环中站出来了，本来应该更理性，为什么却做出这样没理性的事情，去发动战争呢？一切战争最后的目标，不就是争夺资源和财富吗？为了争夺资源、财富，人类可以互相残杀，做出非常不理性的事。人丢失了自我主体，变成了物的奴隶。有的学者提出，我们现在还应举起人本主义的大旗，也称"新人本主义"，也就是要重新树立人的主体性，回归自我。但真正要做起来，却是很困难的事情。

（原载于《北京日报》2016年9月12日）

君子的意义与德行

一、君子的意义

君子是中国文化的一个重要内容。"君子"一词很难界定，勉强对应西方文化中的"绅士"（gentleman）。现有的研究表明，"君子"一词出现在儒家之前，或者说出现在孔子之前、春秋之前。君子主要是指社会的掌权者、当权者，后世也有在这个意义上使用的，如"无君子莫治野人，无野人莫养君子"（《孟子·滕文公上》）。我们都希望社会的管理者是像样的君子，这里面带有一定的文化的素养或者道德的含义，因为中国历代文化都强调统治者作为一个民族的表率，要引导社会、引导民众，通过教育来化导民众。君子既是一个统治者，同时在某种意义上讲也是一个教育者。《礼记·学记》开篇就讲"建国君民，教学为先"，就是说建立一个国家，君子来管理一个国家，要把教育放在第一位；通过教育来教化民性，改变社会的风俗；通过教育达到的最后目标是"化民成俗"，形成一个良好的社会氛围。虽然君子是指在上位的统治者或者管理者，但这主要是针对社会地位和身份，是相对于小人、野人来讲的。孔子以后，君子的概念发生了比较大的变化，君子从社会地位的标志转变为人格品格的标志。孔子主要从道德的理念来给"君子"做一个这样的规定，这在以后整个中国文化中形成了主流。孔子以后，君子跟小人的差别主要是在道德上、品格上的差别，是学养、德行的分别，这是一个很大的变化。

当然，中国文化中也不是仅有"君子"这一个词表达这个含义，与君子含义相近的，一个是"士"，所以我们有时候说"士君子"；再一个是"圣人"。士与君子，有同、有不同。后来荀子给这三个概念做了相当明晰的解释，他说，"好法而行，士也"（《荀子·修身第二》）。这个"法"既包括理，也包括现在讲的法律。遵循一定的规律办事，侧重于从现实的做人做事方面来实现和遵守这个"法"。荀子接着讲,"笃志而体,君子也"(《荀子·修身第二》)。"笃志",是指实实在在去做,志向非常坚定;"体"就是实践,身体力行。所以这个君子既有远大的、坚定的志向,又能够很实在地去实践,也就相当于《中庸》里所谓的"博学之,审问之,慎思之,明辨之,笃行之",要实实在在地去做。而"齐明而不竭,圣人也","齐明"就是对各种各样的道理都非常清楚,对天地人之理都看得很清楚,而且没有停止,不断向上,不断探索,去认识世界、认识人生,这就是圣人。荀子给"士""君子""圣人"做了相当清楚的定义,有三个层次,圣人是最高的。这里面实际上也贯穿了一个"统一":士、君子、圣人都是遵循一个做人的根本道理、遵循社会应该遵守的一个理法去做事,而且坚持不懈不断地提升。君子和圣人的差别在于,圣人更理想化一些。所以孔子讲自己算不上圣人,圣人只可能是少数,不可能人人都是圣人。当然,从道理来讲,人人都可以成为圣人,可是真正能够成为圣人的人,真正能够流传千古的圣人,绝对是少数。圣人更理想、更完美。君子是我们在现实生活中可以达到的道德层次,所以君子更现实、更实际。我们达不到圣人的层次,但是可以做一个君子。但总的来讲,君子、圣人都是德行上的楷模,所以我们用"博雅"来形容君子最恰当。所谓"博"就是学识丰富,"雅"就是品行端正。要做个君子就要学识丰富、品行端正,"博雅"两个字是君子所要具备的一个基本素养,君子也称作"博雅君子"。

所以我们定义君子是很明确的,君子有社会身份方面的意涵,不过更重要的是在德行方面。君子的社会作用,首先是引领社会风气。"君子之德风,小人之德草。草上之风,必偃"(《论语·颜渊》),就是说君子的德行就像一阵风一样,小人的品德就像草一样,风往哪儿吹,草就往哪儿倒。君子是社会正能量的体现,他能够引领社会。要做个君子就不能赶时髦,赶时髦是会丧失某些气节的。君子要成为一个社会的引领者。宋代的张载在《正蒙》里面也说,"君子于民,导始为德而禁其为非",就是指君子引导民众按照社会的德行前进。要引领就必须以身作则,自己先做到,"身教胜于言教"。君子能够以身作则地身教,所以说"君子不出家而成教于国"(《礼记·大学》)。君子不用出门就可以使国家的百姓受到教育,就因为他身体力行,做出榜样,以自己的行为教育大家。君子"不赏而民劝,不怒而民威于铁钺"(《礼记·中庸》)。

君子的另一个作用是传承文化。文化的传承靠君子来延续，社会上如果没有专治于文化传承的人，那这个文化就会中断。文化在不断地前进，不断地发展，不断地变化。随着时代的变化，文化的内涵和形式都会发生各种各样的变化，但是文化的根本精神不能被舍弃，这要靠君子来传承。我们要传承传统文化，并不是要大家拘泥于外在的各种各样的形式，而是要把文化的灵魂和精神传承下来。礼仪的根本精神集中起来讲，主要在两个方面。一个是"大报本也"，大报本就是不要忘掉我们从哪儿来的、我们的生命从哪儿来的，记着我们的本。中国讲礼有"三本"："天地者，生之本也；先祖者，类之本也；君师者，治之本也。"(《荀子·礼论》)君，就是国家的象征；师，是师长、老师；治，是治理的治，治我自己，也就是让我懂得怎样做人。所以教育、教化非常重要，能够让人成为一个真正的人。"天地君亲师"是我们生命的本源。儒家教育归根结底是让人通过教育恢复人性，改变兽性。孟子讲复性，性善；荀子讲化性，性恶，要改变。大报本，原始返终，要追到最后的根源上去，这是礼的一个核心的东西，所以我们要知恩报恩。礼的第二个重要内容是敬，这体现在人与人之间要相互尊敬，不仅要相互尊敬，自己也要尊敬自己，所以去掉敬，礼仪都是虚设的。所有的礼仪都体现了一个核心精神——相互尊敬。仪式可以变化很多，但这个内涵不能丢掉，丢掉了就会让人手足无措。《孟子》里有个例子，弟子问孟子："我见了人都很恭敬，给他们鞠躬，但总觉得别人对我的鞠躬行礼没什么特别的反应，这是怎么回事？"孟子说："你问别人干什么？问问你自己，你是真正出于内心的尊重而给别人行礼的，还是只是作为一种形式？"这是有很大差别的，礼里面的敬是出于内心的，不是形式上的。当然，我们首先要从形式上开始，最根本的是不能丢掉礼。君子的一个责任就是传承这种文化的根本精神。

君子还有引领社会的作用。引领在某种意义上就是营造一种氛围，一种习俗。一个社会的良好习俗非常重要，300多年前，欧洲的启蒙思想家孟德斯鸠在其《论法的精神》里面就讲道："当一个民族有良好风俗的时候，法律就是简单的。"① 什么都要用法律来管理，社会是管不过来的，要靠大家道德的自觉，要靠君子去营造良好的氛围，从而形成良好的社会习俗。大家都是坦荡君子，都是谦谦君子，那人们就会互相谦让、互相尊敬、互相讲诚信。社会不可能没有不正之风，也不可能没有负能量，整个社会永远处在一个正负之间的平衡中，君子应当成为社会风气的引领者。

二、君子的德行

作为一个君子，要具备什么样的品德？对君子的要求很多，有一个字的要求，有两个字的要求，有三个字的要求，有四个字的要求，等等。一个字的要求就是"孝"。百善孝为先，这跟中国文化是有密切关系的。西方文化把孝归为对"上帝"的敬，因为所有的人都是"上帝"的子孙，都是"上帝"所生的。孝是中国文化的核心，这和中国人的生命观是有密切关系的。中国人认为生命是父母所给，所以要报答父母；父母养育、教育子女，子女就要孝顺、敬重父母。这是相互的关系，是一种自然的关系，孝不是强制的、强迫的。魏晋时期，王弼对孝做了非常好的诠释，他说："自然亲爱为孝。"（《论语义疏》）父母子女之间就是自然亲爱的关系，孝是一种自然亲爱的伦理。相比于西方文化，中国的传统文化更强调职责、强调尽伦尽职，教导人们通过礼乐教化明白自己的身份，然后按照自己的身份去尽自己的职责。过去我们都讲，孝首先要光宗耀祖，其实这是孝最充分的体现。让父母能够在大众面前露脸，被称为"大孝"。"大孝尊亲"，让父母得到社会的尊重，得到大家的认同。"其次不辱"，不能给祖先争光争彩，至少不能让父母受到社会的羞辱。"其下能养"，能养父母是孝里面最低的要求。所以孝有三："大孝尊亲，其次不辱，其下能养。"（《大戴礼记》）孝体现在方方面面，尤其是通过丧礼来体现。中国很重视丧礼，古时人们守丧三年就为了报答父母养育之恩。丧礼是"慎终"，非常慎重地对待死去的人；祭礼是"追远"，追怀我们远去的祖先。《论语》说"慎终追远，民德归厚矣"，大家都不忘本，都记着祖先对我们的养育之恩、教育之恩，社会有这样的风气，民风才能淳朴。这不是一个简单的事情。礼仪是可以千变

---

① [法] 孟德斯鸠：《论法的精神》，张雁深译，北京：商务印书馆，1981年，第317页。

万化的，过去守丧三年，现在不需要，改为在家里设一个牌位；也不见得一定要天天祭祀，初一、十五去祭祀一下，也是可以的。但是现在这种社会氛围越来越淡薄了，所以我们要重新认识孝的社会意义。

两个字的要求是"诚、敬"。南宋的朱熹曾经讲过，为人行事，诚敬二字。做人做事把握这两个字就可以了。诚者勿自欺，勿妄为。不要自己欺骗自己，不要自己想怎么做就怎么做。敬是不怠慢、不放荡。我们要敬畏别人，也要敬畏自己，还要敬畏所从事的各种各样的事业。事业也需要我们敬畏，不能怠慢，更不能放荡。一个人如果能够根据这两个字去做，一生这样做，就是"君子人与？君子人也"（《论语·泰伯》）。有人问孔子："人做到这样，是君子吗？"孔子答曰："当然是君子！勿自欺，不妄为，不怠慢，不放荡，这个人就具有君子的品德了。"

三个字的要求是"智、仁、勇"。"智、仁、勇"三个字的含义，我们现在理解得比较肤浅，一般以为"智"是有智慧，"仁"是爱人，"勇"是勇敢、勇气，其实不然。《中庸》对这三个字做了非常深刻的诠释。"好学近乎知。"（《礼记·中庸》）作为一个君子，就要好学，不断地学，学无止境，只有学习才能不断上进。仁，也不是我们一般理解的"爱人"。"力行近乎仁。"（《礼记·中庸》）要去做，踏踏实实地去做才是"仁"。至于勇，知耻而后勇，懂得羞耻的人才能勇，真正有勇气的人是能够发现自己的错误并去改正的人。具备"智、仁、勇"三达德的人才能成为君子。

四个字的要求是"礼、义、廉、耻"。一个君子最基本的应该是守礼、敬人。守礼，就是做自己身份该做的事。每个人在社会中都有一个身份，这个身份不是指地位，而是指人在社会、家庭中的身份。儒家讲的"五伦"是礼的一个非常重要的内容。父子、夫妇、长幼、朋友，这都是自然的关系，无法逃避。守礼就是按照身份做该做的事情，就是尽伦尽责。君臣是从社会关系来讲的。一个正常运作的社会，人与人之间是要有分工的，需要有不同的地位、角色，否则就会成为无政府主义状态。在中国文化中，君臣之间的关系不是父子、夫妇、长幼这样的自然关系，也要尽量想办法把它变成这种自然关系，所以君臣关系常常化解为君父、臣子，官员也化解为父母官，要按父母和子女的关系处理这种关系。义，就是知道该怎么做、不该怎么做。这是人特有的。人要明白什么能做、什么不能做，否则一不小心、一念之差就会变为禽兽，甚至禽兽都不如。所以孟子讲，人与禽兽的差别几希，有时候就差在一念之间，所以人要懂得什么该做、什么不该做，要掌握这样一个方向。"义者，宜也"（《礼记·中庸》）；"义，人路也"（《孟子·告子上》）。人应该走人的路，不要去走禽兽的路。廉，正直、清廉。做人正直才能起表率作用，一个正直的人才能有诚信。"君子坦荡荡，小人长戚戚。"（《论语·述而》）。君子做什么事情都是可以让大家知道、让大家看到的，因为他有一颗正直的心，所以他才能做到这一点。耻，羞耻。做人要懂得羞耻。我们通过礼的教育、道德的教育让人们有羞耻心，使人们的行为能够非常方正。《论语》讲"道之以政，齐之以刑，民免而无耻"（《论语·为政》），也就是用政治、政教的方法告诉大家，一定要守住一个底线，要走正路。用法律去规范大家走正路，所达到的结果是"民免而无耻"。"无耻"，就是没有羞耻心，不足以让人感觉到这样做是不对的。而"道之以德，齐之以礼，有耻且格"（《论语·为政》），通过道德教育的办法启发人的道德自觉性，然后用礼来规范。有羞耻心的人，行为一定是"格"的，也就是方方正正的。所以四个字就是"礼、义、廉、耻"。

三、君子的养成

君子的品德怎么养成？环境非常重要，但环境的影响又不是绝对的，不是决定因素，因为决定因素还在人自己身上。中国文化始终是反求诸己的，历来是为己之学，"古之学者为己，今之学者为人"（《论语·宪问》）。所谓"为己之学"也可以说是"君子之学"。荀子明确讲过："君子之学也，以美其身。"（《荀子·劝学》）君子学习是为了使自己成为更加完美的人，君子的学问是"入乎耳，箸乎心，布乎四体"（《荀子·劝学》）的。学问从耳朵听进去，留在心里，融会贯通到整个身心，使自己变得更加完美。"小人之学"或者"今之学者"是为人的，"小人之学也，以为禽犊"（《荀子·劝学》）。"为人之学"是把学到的东西看作飞禽走兽。禽犊就是指人所拥有的财富，这些东西也可以说是做表面文章的，显示给别人看的。所以"为人之学"入乎耳，出乎口，口耳之间四寸而已，根本落不到心里面去，更落不到行动上去。中国文化始终强调"为己之学"，强调成为一个君子主要靠自己，要反求诸己。通过自我的不断提升，不埋怨环境，不随波逐流，能够"笃志而体",有坚定的志向,而又去身体力行,这才是君子。另外还要寻求名师良友,荀子讲最直接的就是向身边的君子学习。古代人注重择邻、择友,就是要寻求好的环境、好的朋友。不仅如此,我们还可以放开眼界,向天地万物学习。中国文化中有很多事物用来比喻君子,反过来讲,君子要向这些事物学习,比如水、玉、莲花等。周敦颐《爱莲说》讲莲是花中君子,是因为它具有"中通外直,出淤泥而不染,濯清涟而不妖"的品格,可以远远地欣赏它,不能在近处欺负它。《论语》里提到"君子不器""君子不党""君子不同",这与从万物中学习是有直接关系的。还有"岁寒三友""四君子花",它们都有很多值得我们欣赏、学习的品德。君子并非高不可攀,只要我们能够谦虚谨慎,向天地万物学习,向良师益友去学习,每个人都可以成为君子。

君子具体的品德实在太多了。先秦文献提到"君子"的地方不下两千处,把重复的、意义不是很大的去掉,至少也有一千五百个词是可以用的。我们不须多讲,努力做到以上所讲的"一二三四"就可以了,也就是:孝、诚、敬、智、仁、勇、礼、义、廉、耻。如果一个人能取一言而终身奉行,坚定不移,笃志而体,就是君子。真正成为君子不在于做到多少,而在于实实在在地终身奉行。

(原载于《道德与文明》2016年第6期)

谈"为己之学"

我们读书究竟是为什么?《论语》里有句话:"古之学者为己,今之学者为人。"对这句话,荀子有一个发挥,他在《劝学》篇中提出来:"君子之学也,入乎耳,箸乎心,布乎四体,形乎动静。端而言,蝡而动,一可以为法则。小人之学也,入乎耳,出乎口。口耳之间则四寸耳,曷足以美七尺之躯哉?"

君子之学是从耳朵听进去,留在心里,然后体现到行动中去,因此君子说的话、做的事,都可以成为人们的榜样。反过来,小人之学是"入乎耳,出乎口"……这样的学问怎么能够使得七尺之躯完美呢?所以荀子接着讲:"古之学者为己,今之学者为人。君子之学也,以美其身;小人之学也,以为禽犊。"

这也就是说,君子之学是为了完美其身,完美他的七尺之躯。而小人之学是用来交易的,所以从耳朵听进去,从嘴里就说出来了,只不过是一种贩卖,对完美他的七尺之躯没有一点用处。所以,"古之学者为己"的"为己之学"也就是"君子之学",读书是为了完美自己。

所以,我想我们今天读书不要成为"今之学者为人"或者"小人之学"那样,把读书学习当作增长财富、进行交易的"禽犊",而要做到"君子之学""为己之学",不断地完美自己。

清代有一位写《朱子家训》的朱用纯先生,他讲到,一个人读书之前是这个样,读书之后还是这个样,那就等于没有读书。所以读书以后要能够变化气质,如此读书才有用。我们现在的书籍可以说是五花八门、琳琅满目,那么我们究竟该读什么书呢?其实什么书都可以读,中国有一句古话叫"开卷有益",打开什么书都会对我们有益。我们现在的书分类很细,所以有的时候这也让我们不知道选什么书来读才好。

中国传统文化书籍的分类是比较简单的,我们分为甲、乙、丙、丁四类。其实不管现在分多少类,如果归纳一下,也可以归纳为这四大类:经、史、子、集。

从经书来讲,所谓"经者,常也",它是讲一些常道、通道的,也就是说它可以贯穿古今,贯穿万物、万理。它带有总体性、总括性,而且是一些最根本的为人处世的道理。讲天道、地道、人道这些最根本的道理,这就是经。

史,是历史,是明古今之变的。司马迁认为天下的学问无非两大类:"究天人之际,通古今之变。""究天人之际",是说探究人跟天地万物之间的关系;"通古今之变",就是来了解我们人类社会,人事的变动、朝代的变动给我们什么样的经验、教训。

所以史学在中国的文化中具有非常重要的位置。我经常讲,中国文化中有两个重要的传统,它们就跟这两类学问有关系,一个是"以史为鉴",或者叫"以古为鉴",也就是"通古今之变";一个叫"以天为则",就是效法天地,也就是"究天人之际"。《论语》里就讲了:"大哉尧之为君也!巍巍乎!唯天为大,唯尧则之。"天是最伟大的,尧以它为榜样,所以形成了中国传统文化中的"以天为则"。中国人的理想人格、理想德行,都是向天地万物学来的。一个圣人,他的德行要能够跟天地之德相配、相并。

所以我们到孔庙里面去看,对孔子的称颂最重要的两句话,一句是"万世师表",孔子是万世师表;再一句是"德配天地",孔子的德行能够跟天地一样。所以"以天为则"也是中国传统文化中非常重要的传统。"以史为鉴""以天为则",也就是整个学问。我们围绕这个来做,"究天人之际,通古今之变"。所以经和史,一个是最根本的道理,一个是我们的历史。

所以我们读经书是为了"明天理、晓人道",明白天理,知晓人道。读史书是为了"通古今、知兴替",把握历史,懂得人事和社会的变化、时代的兴起和衰落。

唐太宗讲"以铜为鉴,可以正衣冠;以古为鉴,可以知兴替",古人又讲"观今宜鉴古"。我们要看出今天的问题,要拿历史当一面镜子照一下。过去我们讲过这么一句话:"忘却历史就意味着背叛。"所以历史的延续、继承是非常重要的。

我也常觉得我们现在的历史教育是远远不够的、很缺乏的。历史承载着文化,不知道自己民族、国家的历史,也就意味着不懂得自己民族、国家的文化。一个不了解自己民族、国家文化的人，你要让他来爱这个国家、来尊重这个国家，对国家有信心、对民族有信心，这怎么可能呢？因此，清代龚自珍就讲了一句非常重要而深刻的话："欲灭人之国，必先灭其史。"

中国传统中还有子书。子书就是各种不同的学派对于天道、地道、人道的认识。我们的世界是丰富多彩的，对于各种事物，人们从不同的角度去观察、去思考，可以做出不同的解释，也会有不同的理解，这就是我们常常讲的文化的多样性、多元性。

不同的民族、不同的国家、不同的地区，人们对同样的事情会有不同的看法。在同一个国家、同一个民族、同一个地区，人们也可以对同样的现象有不同的理解，有不同的看法和诠释。文化的多样性、多元性是一个客观的事实。所以《孟子》里就有一句话，叫作"物之不齐，物之情也"。物不是统一整齐的，而是各有不同的，这是事物的实情。诸子百家对于各种事物不同的看法，对同一个事物不同的看法，可以增长我们的智慧。

集部，集部就更复杂、更多样了。过去集部又分了总集、别集、专集，这说明了我们文化的多样性、丰富性。在集部里，我们就可以长见识、养情性。我们可以在读书中增长知识和技能，这是无可否认的。

但是我们读书的根本目的，不是在于增长些知识、技能，而是在于让我们明白更多的道理。《中庸》里面讲到我们如何读书，第一点就讲"博学"，什么叫作博学呢？近代著名学者章太炎先生的弟子黄侃先生，他讲了一句话，我觉得非常有意义。他说："所谓博学者，为明白事理多，非记事多也。"博学是说你明白很多事理，不是说你记住了很多事情。明理是一种智慧，智慧是一种知识。所以博学要落脚到明理，而不是记事。所以我经常讲，中国的文化是一种学智慧的文化，不是单纯的学知识的文化。

知识是静止的，智慧是变动的。智慧是一种运用知识、发现知识、掌握知识的能力。我年轻的时候也非常信奉"知识就是力量"这句话。半个世纪的人生经历才改变了我的看法，我才开始意识到，知识如果不能运用，不仅不会是力量，有的时候还会成为思想的牢笼，让你进去了出不来，让你困惑、让你郁闷，不知道何去何从。所以，后来我说不能再讲"知识就是力量"了，应该讲"智慧才是力量"。

佛教是中国传统文化主体的重要组成部分，佛教里面也有重要的观念、观点。其中有一句是："依智不依识。"我们依靠的是智慧的"智"，而不是识别的"识"。佛教为什么这样讲呢？佛教推崇唯识学。唯识学里面讲，我们人所认识的现象世界，是通过眼、耳、鼻、舌、身、意六个感觉器官的功能认识的。六识，这个"识"就是指六个感官的功能。这个感官功能是什么功能呢？就是分别的功能。我们现在常常用的词叫作"识别"，识的功能就是分别，也就是我们通过六个感官去分别这个、分别那个，分别不同的颜色、不同的形状、不同的声音、不同的气味、不同的味道、不同的材质。所以"依智不依识"中的"识"，就是去分别、识别。

那么从佛教的观念来讲，人或者生命的一切烦恼、痛苦的根源就是分别。分别了以后，你又不能把它融会起来，那不就痛苦了吗？所以要用一种理解世界本质的智慧去破除这种分别之境。佛教唯识学的一个核心命题就叫作"转识成智"，要能够突破、超越这个识的局限、分别的局限，用佛教的般若的智慧打破这个分别，然后融会贯通地认识事物的本质，放下执着，所以佛教提倡一种智慧。

儒家更是如此了，强调学习一定要融会贯通。《论语》里讲："举一隅不以三隅反，则不复也。"有一个成语叫"举一反三"。"举一隅不以三隅反，则不复也"是说，我给你讲了这个角的道理，而你不能融会贯通其他三个角的道理，这样的人还能教吗？孺子不可教也。融会贯通，就是能够运用知识举一反三。

这也就是刚才我讲的，中国的文化都认为万物有一个共同的理，我们把握了这个理就可以将它运用到任何方面去。所以我们根本的问题是把握这个共同的道理，并能够运用它。

我们现在读书，如果从中国传统的图书分类来讲，那就是经、史、子、集都要读一点，不能只读这个、不读那个。总的来讲，就是通过这样的阅读来开阔我们的眼界，改变我们的性情，增长我们的智慧，让我们每个人成为更加完美的人。

在古代，就是要成为一个君子。我们读屈原的《楚辞》，里面经常赞美"香草美人"，我们现在的人读到"美人"就以为是指美貌的女子，其实《楚辞》里讲的"美人"是什么？是完美的人，是君子。意思是让我们做完美的人。要做一个完美的人，光读书也不行。所以《中庸》里既有"博学之""审问之"，也有"慎思之""明辨之"，最后还有"笃行之"。学到的知识要落实到我们的行动上来，知行合一、学修一致。

近代有一位学者叫段正元，他讲过两句话："读书万卷，不如知道一言"，即读了万卷书，不如记住一句话；"著书千册，不如实行一事"，即写了千册的书，不如去做一件实实在在的事。我们读书要跟实践结合起来，知行合一。要读让我们明理的书，不要只去记一些章句。

现场问答

问：请谈谈中西哲学的区别与联系。

答：近代以来，在接触西方哲学特别是康德哲学和黑格尔哲学后，一些人觉得中国没有哲学，即使有也只是准哲学，或者说只有具体的哲学，如政治哲学、伦理哲学、历史哲学等。对此应该怎么看？关键在于我们是站在哪个角度看这个问题。

一位美国军事学家在分析《战争论》和《孙子兵法》的差异时说，克劳塞维茨的军事思想是理想主义的绝对论，是要把敌人彻底消灭掉；而《孙子兵法》则是现实主义的中庸之道，在现实中可以有各种变通的方法，可以"不战而屈人之兵"。这在一定程度上既说出了中西方军事思想的不同，又说出了中国文化与西方文化的不同。西方文化的传统，不论是哲学还是近代兴起的实证科学，都在追求变动世界背后的本质或本原，追求现实之外的普遍真理。这是一种二元分离乃至对立的哲学模式，本质与现象、本原与现实因为对立而无法统一。在现实生活中，这种取向会转变成对标准的追求，认为只有建立一个普适化的标准，才能把握事物的本质。实际上，用标准来规范个体，常常会导致个体差异被抹平。

如果以康德哲学为标准来看，中国没有脱离形而下的纯理性思想，自然也就没有哲学。但是，哲学并不等于形而上学。中国文化的传统从不把现象与本质、形而上与形而下割裂开来。《周易》讲的是"形而上者谓之道，形而下者谓之器"。"道"与"器"在名义上虽然可以分开，但在现实中无法分开："道"不离"器"，"器"不离"道"。这个特点可以用宋明理学的范畴来说明。宋明理学在形而上层面有了颇为深入的思考，但"理"和"气"同样是不可分离的。朱熹就认为，"理，形而上者；气，形而下者""天下未有无理之气，亦未有无气之理"。在做理论分析时需要区别"理"和"气"，但在现实世界，"理"和"气"是融为一体的。据《论语》记载，子游说子夏的学生在洒扫、应对、进退等日常礼仪上的表现是不错的，但这些都是细枝末节，根本的道理子夏却没有传授。子夏听说了以后不以为然：不从人伦日用入手，怎么能认识天道性命呢？理学家对子夏的话非常推崇，认为"凡物有本末，不可分本末为两段事，洒扫应对是其然，必有所以然"。"然"背后必有"所以然"，二者是统一的。"道"就在人伦日用中，不是离开现实另外有"道"。形而上与形而下是贯通的还是分离的，这是中西哲学乃至中西文化的一个重要差别。

概念层面的逻辑分析与纯理性在中国文化里确实没有得到很好发展，但"道不远人"的实践性正是中国文化的特色和优势。中国哲学有自己的价值观念和思维方式，为什么要用西方哲学的标准来评判呢？举例来说，对于如何理解《道德经》中的"道"，很多人都在分析"道"到底是精神实体还是物质实体。这就是西方哲学的思维方式在起作用，要去思索独立于万物之外的本原。如果从整体上理解老子的思想就会发现，不是独立于万物之外有个"道"，"道"就在万物之中。"天得一以清，地得一以宁"，天从"道"得到"清"的特性，地从"道"得到"宁"的特性，"道"在不同事物上表现为不同的特性。老子最推崇水，"上善若水"，观水可以悟"道"。水是无形的，但又可以随物赋形。如果撇开这些去研究"道"是精神实体还是物质实体，显然就偏离了老子最核心的思想。

人类创造了多种多样的文化。正因为有类型上的差异，文化的互补才有可能。当下，我们要学习西方文化的优点，但前提是要有文化主体性。以西方哲学为标准来解读中国哲学，就不可能了解中国哲学自身的特性，结果往往是在解构中国文化。我们不能削足适履，而要量体裁衣。只有转变思维方式，摘下有色眼镜，才能理解中国文化本身的独特价值，更好地选择性吸收西方文化的精华，用中国智慧去思考和解决当代中国与世界面临的重大问题。

（原载于《中华书画家》2019年第7期）

"三玄"要义

到了魏晋南北朝时，为了反对当时已经僵化的象数之学和制造出无数假孝廉、假道学的名教，思想家们从《周易》《老子》《庄子》中汲取营养，开创了玄学一派。

一、不易、变易、简易——义理之《易》

汉代的象数之学到了魏晋的时候，发生了很大的变化。象数学用比较固定的模式来做判断。比如说乾卦，乾卦代表刚健，拿一个动物来比喻，就是马，因为马是非常刚健的。于是就固定了下来，后来乾卦的代表就是马，别的都不行。相应的，坤卦代表柔顺，拿一个动物来比喻，就是牛，因为牛是非常柔顺的。后来也固定了下来，坤卦的代表就是牛，别的都不行。到了魏晋的时候，人们认为这样一种象数学太死板，学习《周易》主要应该把握它的易理，而不是这些呆板的象数。

当时有一个著名的思想家，叫王弼，他就批判这个象数学，说，乾卦为健，所有刚健的东西都可以来代表乾，何必一定是马呢？坤卦代表了所有温柔的东西，所有柔顺的东西都可以代表坤，何必一定要用牛呢？他认为象数学是有局限性和机械性的，研究卦象的时候只要把握它的精神是刚健、是柔顺，就可以了。所以他一扫象数之学，提倡要得意。在方法上，他就提出得意要忘象、得意要忘言。因为如果停留在象和言上就不可能把握它的意，要得意就不能仅仅停留在语言和卦象上。这就形成了中国文化中一个非常重要的转折，由强调象转而强调意，玄学也就随之产生了。

魏晋玄学的根本依据就是"三玄"，即《周易》《老子》《庄子》。

那我们再来谈《周易》。玄学家抛弃了汉代的象数易学，重视发掘《周易》蕴含的深刻道理，提倡义理的易学。

玄学家认为"易"这个字其实包含了三层意义：不易、变易、简易。不易是什么呢？不易是指一个根本的秩序和原则，所以《系辞》里面一开始就讲，天地上下确定了，那么这个世界也就确定了，这就是一种不易。但是，这种不易又不是那种机械的、固定的不易，而是在变化中的永恒。所以《周易》又讲了许多阴阳、刚柔等变化的过程，这就是变易。虽然万物的变化繁复，但天地从不去干涉它，一切顺自然而发展，这就是简易。所以《系辞》里指出，简是天之德，易是地之德，简易是天地之大德。

另外，《周易》还包含了一种生生不息的品德。比如其中"天行健，君子以自强不息；地势坤，君子以厚德载物"的精神就对中国人影响很大。自强不息、厚德载物也都成了中国人追求的理想品格。

《周易》里面还有许多重要的思想，比如它特别强调一个"时"的概念。我们看到很多彖辞、象辞都在赞叹这个"时"："时义大矣哉！"它强调与时偕行，也就是说，时间变化了，我们也要跟着变化。它还强调一个"中"，中正平和，这跟后来《中庸》的思想也可以联系在一起。

总之，《周易》是中国许多根本思想的源泉，历代对《周易》的注释数不胜数，思想家们都通过对《周易》的注释来发挥自己的见解。

二、道法自然——《老子》的智慧

"三玄"里面的第二玄，就是老子的《道德经》了。《道德经》的核心就是自然无为，自然是强调尊重事物的本性，无为是强调不要以人的意志去干扰事物发展的方向，应该因势利导地去做。所以无为不等于无所作为，而是要积极地引导，是无为而无不为。

老子认为，如果遵循了万事万物自然发展的规律，那所做的事情自然就会取得成功。这种成功又不是那种有为的成功，不是通过干涉什么、改变什么得来的，而是自然而然得来的，谁都不会感到不舒服。而获得成功的人也不居功自傲，正所谓"为而不恃，长而不宰"。

这个方法应该说和儒家是正好相反的。儒家强调礼教，或者也叫作名教，因为礼里面主要规定了每一个人的名分。名教认为，为了社会的和谐，要克制自己很多自然的欲望。这本来是没有问题的，但是克制过度了又会造成对人性的伤害，所以在汉末就出现了许多假孝廉、假道学。

那么，玄学家就提出，可以用老子自然无为的办法来调和名教和人的本性之间的矛盾，使之既尊重每个人的个性，又能够使这个社会的秩序得到稳定，所以人们从来都把老子的思想看作是既可以治身又可以治国的。

三、 逍遥游——《庄子》的精神

《庄子》也是道家的一部经典，但是《庄子》跟《老子》的思想有很大不同。《老子》是非常收敛的，所以在《老子》里面有这样的话，叫作"将欲夺之，必固与之"，我要得到你的东西，就要先给你。这是以退为进的。而庄子则非常张扬，把自己的个性完全地展现，他追求的是一种无拘无束的逍遥。

怎样才能得到这种逍遥呢？庄子说要"齐物"，强调事物之间没有绝对的差异，所有的差异都只不过是相对的。你说自己大，还有比你更大的，相对于比你更大的，你又是小的，所以大小是相对的，是没有实质区别的。因此有的时候就可以自我安慰：我虽然小，但还有比我更小的呢！跟比我还小的比，我还是大的呢！所以中国人有一种阿Q精神，还有精神胜利法，这类概念很多就来自《庄子》。

到了魏晋玄学时期，有一位注释《庄子》的非常著名的玄学家，叫郭象。他就不太赞同庄子这种相对的说法。他认为，形象上的差异是得承认的，如果一眼看上去这一个就是比那一个大，那就得承认这个事实，所以他是主张承认事物外在大小的差别的。

但是郭象也要齐物，怎么齐啊？他说事物内在是平等的。你说你身材高大得不得了，我并不需要羡慕你，因为如果我像你一样高大的话，做衣服还费布、费钱呢！当然郭象不会举这样的例子，这是我举的例子。

郭象举的例子是两只鸟。一只大鸟、一只小鸟，大鸟要吃很多东西才能饱，小鸟吃一点东西就饱了。但是大鸟没有必要羡慕小鸟，小鸟也没有必要羡慕大鸟。如果小鸟羡慕大鸟，也要多吃一点的话，可能就被撑死了；如果大鸟羡慕小鸟，也少吃一点的话，可能就饿死了。

所以郭象说"自足其性"就是逍遥，在满足"自足其性"上，没有差异。只要适性，适合我的本性就是逍遥；不适性就不逍遥了。

因此，同样的一些东西，通过后人的注释，它就会发生变化。虽然说中国文化重注释、轻创作，但实际上注释里包含了很多创作。我们研究王弼的哲学，拿什么来研究呢？主要就是根据他的《老子注》，玄学的思想就在里面。研究郭象的思想有什么材料？就是他的《庄子注》，他对庄子的解释与其他相比有很多的不同，刚才那一个解释就不同。

又比如《庄子》里面讲"逍遥"，怎样才能逍遥呢？庄子强调"无以人灭天"，不要以人为的东西来改变事物的天性、本性。他举例说，牛、马本来是很好的，放开脚就在那儿跑，这是牛、马的天性。可是人给马套一个笼头把它锁起来，在牛鼻子上穿一个窟窿，套一个圈拽走，这就违背了牛、马的本性，所以这是人为的，跟牛、马的天性相对立。郭象一解释就不一样了。郭象说，这个穿牛鼻子、落马锁也是根据牛、马的本性所设计的，是顺应它们本性的。反过来，穿马鼻子、给牛套一个笼头，行吗？不行的。

郭象由此证明，作为一个人，必须遵守一些伦理道德的规范，这些规范其实也是人性所需要的、所具有的。这样一解释，《庄子》原来的意义就发生了变化。

所以《周易》《老子》《庄子》成了中国整个思想文化体系里的根源性典籍，后来的人通过发挥书中的思想来阐明各自的主张。

（原载于《民主与科学》2017年第3期，原标题为《〈中国的品格〉之三玄要义》）

论和谐

社会主义核心价值观分为国家、社会和个人三个层面。和谐属于国家层面的价值观念。但和谐又不仅仅是指国家，也包括社会甚至个人。和谐是古今中外共同追求的价值观。天地万物、人类社会、家庭个人都离不开和谐。

从字面上分析，"和"字古已有之，见诸甲骨文经文。"和"强调分寸、度，要恰如其分、恰到好处。曾有人从字体结构上对"和谐"做过一个通俗的解释："和"，一边"禾"一边"口"，意味着人人都有饭吃。"谐"，一个"言"一个"皆"，意味着大家都可说话。此解饶有趣味。《论语》有言："礼之用，和为贵。"《尔雅》解释："谐，和也。""和"与"谐"其实是同义字。

和谐，本质是平衡。自然界的一个根本规律是平衡。《中庸》讲，"致中和，天地位焉，万物育焉"。在某种意义上，把握"中"是达到"和"的前提。"喜怒哀乐之未发，谓之中；发而皆中节，谓之和。"和，强调平和自然，不偏不倚。"中也者，天下之大本也。和也者，天下之达道也。"中国传统文化中，中庸是一种最高的德行，是一种思维方式，也是一种实践原则。天下万事万物的诞生和成功都离不开"和"。

和谐，是对立统一。《国语·郑语》里提出，"和实生物，同则不继"。《论语》有言，"君子和而不同，小人同而不和"。"同"是单一的，"和"是相辅相成的。《左传》拿汤来做比喻，"和"说明不同的东西相互依赖、相互吸收、相互补充。"和"乃阴阳调和，万物各得其生长。《管子》曰："和乃生，不和不生。"世界上一切事物都不可能是单一的。"和"是对立统一，相辅相成，相反相成。有上就有下，有左就有右，有阴就有阳，有内就有外。凡物必有"和"，生命要靠"和"来维持，"和"被破坏了生命就会夭折。"和"从哲学角度看就是兼容并包、多元并存,而最理想的状态就是均匀、平衡。

和谐,是生命之本。离开和谐就没有生命,生命就无法延续、无法健康存在。和谐使天地有序、万物多彩。自然本身是在调整平衡中发展的,万物冲突下可见平衡本色,有些自然灾害也是自我调整取得平衡的表现,万物是相生相克的。

和谐,需遵守伦理。每个人在社会上都有自己的身份,一个身份就是一个类别。不同类别有不同言行举止的规范。伦理是处理各类不同身份的人之间关系的道理。要达到社会的和谐、天地万物的和谐,首先要遵守伦理。伦理的核心是敬畏。

和谐,需尊重自然。宇宙、社会、人、自然是共生的。人不应该干预自然。天人合一,道法自然。要学习天地的品德。《老子》曰"生而不有""长而不宰",意思是说,包容一切而不是想着去主宰一切。

和谐,要清除贪念。人与生存环境的不和谐、社会的不和谐、家庭的不和谐、身心的不和谐,归根结底是由于贪念。人心不可贪得无厌,要懂得共生的道理。净化心灵,清除贪念。人心常清净,万物自和谐、人我自和谐、家庭自和谐、身心自和谐。《淮南子》说:"夫圣人量腹而食,度形而衣,节于己而已,贪污之心,奚由生哉?"道教从老子到庄子都强调知足,自足其性。

和谐是中国传统文化的根本理念,万物由和谐而生。自然界通过自身的不断调整使不和谐达到和谐。社会发展过程中永远都会出现不和谐、不平衡,而人的努力就是让它回归到和谐,使社会能发展、行进。

(原载于《金融博览》2015年第2期)

"和而不同"的儒、释、道

一、从"以儒治国"到"以佛治心"

儒家文化是中国传统文化的一个主干。历史上,中国政府的基本制度、政治制度确实都是按照儒家的治国理念构建的。当然,以儒治国并不是说儒家在养生、修养、修身方面就没有作用了——只是相对而言。中国的道比较复杂,既有道家又有道教。道家讲养生的地方相对多一些,所以,过去把它说成是养生文化。其实也不完全如此,因为道家思想也有很多治国的理念,甚至有很多治国的战略思想。特别是在西汉初年,很长一段时间里,中国是以"黄老之学"作为一个治国的根本理念。道家的很多思想一直沿用到现在。同样地,佛教也是如此。我们讲以佛治心,并不是说佛教没有关于治国方面的理念,没有修身、养生方面的理念。因此,儒家、道家、佛教,在中国的传统文化中是一个不可分的有机组合。

二、从"冲突"走向"融合"

佛教是在公元之际传到中国的,传入中国后跟中国文化有一个冲突、融合的过程。

一是形式上的磨合。首先,佛教强调出家。出家跟中国传统文化有很大的不同,从儒家文化的角度讲,父母在不远行,更何况出家。儒家思想就是讲忠孝。出家,不顾家、不顾国、不忠、不孝,那怎么行?并且,出家要剃光脑袋,要穿印度的服装,这都不符合中国的礼仪。中国人非常注重身体发肤——身体,包括每一根头发——都受之于父母,不能随便毁伤。其实,佛教也不违背忠孝,它不是为了一家,也不是为了一国,而是为了整个天下,要把整个社会都净化了,这是更大的忠、更大的孝。

其次,佛教在语言上与中国文化也有很多隔阂。印度的语言和文字非常烦琐，而且语法与中文的根本不一样，是倒装句。比如，梵文"如是我闻"，这句话按照中国话的习惯就是"我闻如是"。中国人喜欢简约，遇到很烦琐的语言就会有很多的改变，这样一改变，有的地方可能就跟原本的意思不一样了。领会好的，可能将它的意思把握了；领会不好的，就把它的意思改变了。所以，语言上会有一个很长的磨合过程。

二是因果观的异同。首先，佛教的因果观念跟中国人传统的因果观念有很大的不同。比如佛教强调一个人内在的因果，也就是个体自身的因果。佛教讲的是自作自受，既然是自作自受，那么反过来佛教也强调自性自度。靠别人是没有用的，要靠自己去解决问题，只有自己才能解脱自己，因为那个套儿是自己套上去的。禅宗里有个故事，一个人问禅师："我怎么才能够解脱？"禅师就说："谁捆住你了？"意思是谁也没捆住你，是你自己捆住了自己。所以，这个扣需要自己解。我们平常说"自寻烦恼"，这是佛教的话。烦恼是自寻的，不是别人给的。自作自受、自性自度，这种佛教的因果观很重要，而且在中国传统思想里是没有的。

中国传统思想里有一种子孙相承的因果观念：父母做了好事、积了德，子女能够受到果报。这就是《易传》里讲的话了，"积善之家，必有余庆；积不善之家，必有余殃"。因此，中国人非常强调要积德，积德不光是为了自己，更是为了子女。所以，中国人才有"父债子还"的说法。这种说法到印度、西方去说，他们都不能理解。印度人认为，我现在这样是我自己造成的，跟我父亲有什么关系？父亲欠的债是他的事情，父亲的债要我来还，这不能理解。西方人更是这样的。

其次，中国人强调个体生命有生就有死，自然的死亡是很正常的，并不去斤斤计较个人的死亡。按照中国传统的观念，中国人并不担忧自己的死亡，而是担忧没有后代。无后就没有生命延续；一旦有后，生命就继续下去了。所以，中国人才有"不孝有三，无后为大"这样一种观点。西方人认为生命都是"上帝"给的，做坏事的人死后就下"地狱"，做好事的人死后就能到"上帝"身边去。生命就一次，是个人对个人负责，个人对"上帝"负责。印度人的生命观完全是自己对自己负责、自作自受。中国的观点和西方、印度不一样，磨合起来是不容易的，但是中国人接受了这样一种观点。所以，我想中国人是有两重因果负担的，既要为自己负责，还要为子女负责，比西方人、印度人多一重。这有没有好处？对于现在来说，是大有好处的。因为如果完全是为了个人，就不用考虑别人，也不用考虑以后的事情，只考虑我这一辈子就可以了。但中国人不这样考虑，而是认为自己还有下一辈子，下一辈子不是自己，是自己的子女。所以，中国的这种生命观是一种大的生命观——不能把东西都用尽了，不能让我的子孙没有吃的、喝的，我得想办法让我的子孙吃得更好、活得更好。这样的想法对于环境保护、持续发展是有意义的。所以说，中国的这种生命观更具有现代的意义。

三是对"空"的认识的升华。一开始的时候，中国人认为佛教是讲虚空的，否定一切的。有人认为"空"就是什么都没有，追求的不是现实世界，而是另外一个世界。这实际是一个误解。我们对于佛教"空"的真正含义开始有所了解，是在东晋以后——"空"并不是否定现象世界。出家也好，空也好，恰恰应该在现实的生活中、现实的世界中落实它。这是我们经过相当长一段时间才慢慢了解到的。了解这些以后，才能够把佛教更好地跟中国的文化思想融合起来。这以后，佛教就对中国的整个文化产生了非常大的影响。在我们现在的生活、日常用语中，可以说，如果没有佛教，我们的很多概念都没有。比如"世界"这个概念，就是从佛教里来的。我们艺术里讲的"境界"，也是佛教里的。"无明""自寻烦恼"，甚至我们常常讲的"不是冤家不聚头"，这些都是佛教里的用语。音韵学也产生于佛教，离开佛教就没有我们现在的音韵学。文学方面就更不用说了，不仅大量的文学作品中有佛教的题材，而且很多的文学体裁，比如通俗文学，也借鉴了佛教的俗讲。敦煌文书里有很多佛教的俗讲的东西留存。现在有很多所谓的语体录、语录，也是从佛教来的。所以，佛教是渗透到我们的生活中的。至于我们的民俗，那就更多了，比如傣族地区的泼水节，它实际上就是佛教的"浴佛节"。至于中国的哲学思想，没有佛教的文化影响，绝对不会有宋明理学的出现。

三、你中有我，我中有你

整体上，佛教渗透到了中国传统文化甚至我们生活的方方面面。中国传统文化的整体结构是儒、释、道三家，三种文化结合在一起。这三种文化你中有我，我中有你。这里特别应该讲到的是中国文化一个最大的特点——和而不同。所谓的"和"，是指多种文化并存和相互影响，这种并存和相互影响并不是把对方吃掉，或者是把自己完全同化于另外一种文化。一方面，儒、释、道三家，你中有我，我中有你；但另外一方面，它们仍然你是你、我是我，各自的个性都非常明显，这就是它们的生命力。中国古代有诸子百家，但到了汉代，诸子百家基本上都融到儒、道两家里边去了。很多学派都消失了，所谓消失就是它不能够再保持自己完全鲜明的特色，但并不是说这些学派就没有了，而是其中很多合理的东西或者优秀的东西被儒、道两家吸收了。比如，先秦有阴阳家，后来没有了。阴阳家的思想到哪里去了？到儒家、道家里面去了。再比如，先秦有法家，后来法家没有单独延续下来。法家很多东西去哪里了？实际上也在儒家、道家里面。所以，儒、道两家能够独立地延续下来，不仅保持了它们自己的东西，还广泛吸收了其他合理的、优秀的东西，同时还能够保持自己的个性。

在这样一个过程中，任何一种文化到了异地，在异地文化的环境里，肯定会发生变化。所以，文化必然会有本土化的过程。佛教在中国经历冲突、融合，然后渗透到中国文化里，它自己也适应了中国文化。

（原载于《现代国企研究》2011年第8期）

中医的人文内涵及其意义

中国传统文化可以分为"道"和"艺"两个层面。"道"是人对宇宙万物的根本认识,"艺"则是这种认识反映出来的实践。"道"与"艺"的关系是形而上与形而下的关系。"道"在中国文化中具有特殊意义,甚至居于至高无上的地位。中国传统文化的任务就是明道、行道、传道,人生境界以求道、悟道、证道为根本。"道"和"艺"的关系也可以理解为儒家强调的"上达"和"下学"之间的关系。"上达"者,达的是天道、性命等抽象道理;"下学"者,学习的是具体技艺和日常生活的礼仪规范等。下学可以言传,上达必由心悟。下学必须要上达,上达也必须落实到下学;换而言之,"道"可以统"艺",由"艺"也可以臻"道"。从"艺"入手,通过能具体感触到的"艺",逐渐加深对传统文化的理解,我们才能领悟到"艺"所包含的"道"是什么意思。而中医正是这样一种"艺"。

一、 中医与中国传统文化

古人认为,中医是我们维护生命的医学思想和手段。中国现存最早的目录学文献《汉书·艺文志》,将留存至汉代有关人体保养和医疗健康的典籍都集中在《方技略》里,并在最后总结为"方技者,皆生生之具"。所谓"生生",即维持生命的方法。有生生之具,也有生生之理,二者结合在一起成为生生之学,生生之学是中国传统文化的核心内容之一。中医就是这样一门被古人称为"生生之学"的关于生命智慧和生命艺术的学问。因此,不能把中医视为单纯的疾病医学,它具有丰富的人文文化内涵,是包括哲学、艺术、宗教等在内的一种综合性的人文生命学。

中医和中国传统文化是一体的,中医是技术层面的内容,但技术层面离不开整个理论的指导。中医是以中国传统文化中天人合一、天人感应、整体关联、动态平衡、顺应自然、中和为用、阴阳消长、五行生克等理念为内核，从整体生命观出发构建起的一整套有关摄生、卫生、达生、养生、强生、尊生、贵生等治未病，以及用针灸、按摩、推拿、经方等治已病的理论和方法。从治未病到治已病都有非常丰富的理论和方法，是非常完整的。中医跟中国传统文化中儒、释、道的思想道合理同，道理是完全一致的、密切关联的。中医在实践的层面把中国传统文化中许多抽象的理念体现出来，它的理论和实践充分体现了中国传统文化的根本观念和思维方式。

所以，学中国传统文化、学中国哲学，如果不懂一点中医的话，那么只能停留在抽象的理论层面，不可能有感性的认识。中医是中国传统文化不可分割的一部分，是中国传统文化和人文精神的体现者和承载者。认识中医的根本特性，对于理解中国传统文化的精神、恢复中国文化的自信具有十分重要的意义。可以说，中国文化的精神要得到重新认识，很大程度上有赖于中医；中国传统文化的复兴有赖于中医的复兴。

早在唐代把医列为"技艺"以后，很多人就不去学医了。即使学医，也多只是诵一家之成说、守一定之方，少有深入的探讨，更不去求圣贤之意，因而也就不能博采众议。可见，自唐以来，医学就发生了变化，往往儒者不学医，医者不学儒。其实，学医者应该通儒书；学儒者要明医理，则要读《素问》、读《本草》、读《脉经》，方能得其要妙。元代医书《九灵山房集》（戴良著）便有"医以活人为务，与吾儒道最切近"的言论。清初著名医家喻昌在其所著《医门法律》中也写道："医之为道，非精不能明其理，非博不能至其约。"进而，喻昌说："非'四书'无以通义理之精微，非《易》无以知阴阳之消长，非《素问》无以识病，非《本草》无以识药，非《脉经》无从诊候而知寒热虚实之证。"实际上，学医的人，特别是学中医的人，不仅需要对儒学有所了解，还必须有广博的中国传统人文知识。

二、中医的四层内涵

我们还要认识到，中医不是一个单纯的科学问题，它还有人文内涵，我们应该从多方面对之加以认真研究，应该将其纳入人文的思考领域。现代人对中医的理解往往是"跟西医相对的中国的医学"，但如此一来，中医这门具有深刻内涵的传统学问就被淡化、被解构了；而实际上，中医具有更深层的含义，我们将其内涵阐发出来，才能真正了解其深刻的价值意义。

中医的第一个含义，即上、中、下的"中"。古语有云："上医治国、中医治人、下医治病。"自古以来，善为医者，不仅能治病救人，也能以医理论国事。治病与治国、治人融会贯通，一脉相承。从这个意义上，甚至可以讲，"中医"是治人的，而不是治病的。换而言之，中医把人看作一个整体，而不仅仅看病——如果仅仅看病、治病，那便是"下医"。同时，把握了医道的精髓，还可以去治人，也可以去治国。中医的这层含义与今天大不相同，如今学了医就只能去看病。宋代政治家、文学家范仲淹曾说过："不为良相，便为良医。"（《能改斋漫录·记事》）良相是治国的，良医是治人的，但治国、治人、治病的道理是相通的。所以宋代大文豪苏东坡说："物一理也，通其意，则无适而不可。分科而医，医之衰也。"（《东坡题跋·跋君谟飞白》）中医需要把握道的根本精神，否则只会沦为囿于成规、定法的"下医"。所以，中医的第一个含义，就是中医治人。

中医的第二个含义。《汉书·艺文志》中有一句话："有病不治，常得中医。"有病不治，才能得到中医。据《黄帝内经》记载，"圣人不治已病，治未病"。有病不治，就是说不治已病。因此，中医不是治已病的，是治未病的。治未病，也就是让每个人都能够保持身心的健康。历史上曾流传这样一个故事，魏文王问扁鹊曰："子昆弟三人其孰最善为医？"扁鹊曰："长兄最善，中兄次之，扁鹊最为下。"魏文侯曰："可得闻邪？"扁鹊曰："长兄于病视神，未有形而除之，故名不出于家。中兄治病，其在毫毛，故名不出于闾。若扁鹊者，镵血脉，投毒药，副肌肤，闲而名出闻于诸侯。"[①]扁鹊是春秋战国时期的名医，因医术高超而被奉为"神医"。然而，扁鹊认为自己医术并不高明，因为自己只是治"已病"，真正高明的是治"未病"，让人不生病。所以中医是"不治已病，治未病"的，不要等到有病了再去治，最好还是不要生病。

中医的第三个含义。清代学者钱大昭在注释《汉书·艺文志》时说：

[①] 黄怀信：《鹖冠子汇校集注》（卷下：世贤第十六篇），北京：中华书局，2004年10月，第336—337页。

"时下吴人尚曰：'不服药为中医。'"他是说，到今天为止，吴地的人仍以不服药为中医。中医不是以服药为主的理念可能在清代相当盛行。曾国藩的儿子身体比较虚弱，他在家书里告诉儿子："治心病以'广大'二字为药。治身病要以'不药'二字为药。"俗话说"是药三分毒"，能不用药就不用，再好的医生也可能在用药过程中产生偏差，这会导致病情加重甚至死亡。良医，十个人里面能够治好八个人就不错；庸医，十个人里面有八九个会被他治死。因此，用药要慎重，能不服药就不服，这是清代的理念。现在流行的自然疗法流派有七项原则，其中一个原则即能不动手术的尽量不动，能不吃药的尽量不吃，要调动人体自身的修复能力。其实，在中医里早就有这样的理念了。当然，凡事都不能绝对化，需要用药时还是要用药，但不能依赖药物，药只是起辅助作用的。这是传统中医的第三个含义。

最重要的是中医的第四个含义，即中医讲究"中正平和"。这跟中国文化的生命观是一致的：生命不是造物主或神创造出来的，生命是天地之气达到和谐状态而产生的。因此，每个生命都是天地之和气而生的。生命因"和"而生，那么怎样维持其生命力呢？也是要靠"和"。中医用"中"的概念来调整人体的各种不平衡、不中正、不平和。生命因中正平和而产生、延续，这是中医最核心的价值观、思维方式。"中正平和"是一种生命的动态平衡状态。这种平衡状态不是固定的，而是动态的、"变易"的。我们可以通过《周易》中"易"字的三个含义来理解这种"动态平衡"：一是"不易"，就是确定位置；二是"变易"，有了确定的位置就会相互转换；三是"简易"，不把问题搞得非常复杂。其中最重要的是"变易"，因此，中国人必然强调一个"中"，或者说"中和""中庸"。生命就是要把握一个分寸、把握一个度，但是这个度不是不变的，它是随着时间的变化、地域的变化而变化的。"中"是一个不变的原则，但是这个原则在不同的环境和时间里是要发生变化的，所以，这是一个动态的平衡，我们要"致中和"。另外，中国哲学有关阴阳五行相生相克的关系，即阴阳之间的相互消长、转换，对中医影响也很大。中国哲学很重要的特点是，它并不是仅仅确定某一个事情的一种性质或者一种特征，而更在讲这些性质之间的一种关系、一种转换。所以中国哲学非常强调"中"，还强调"时"。中国哲学讲的"时"，其含义既包括时间也包括空间，是指从时间、空间两个层面来调整

"中"的原则。这些都是中医的诊断治疗或者预防的根本原则。

中医离不开中国整体的文化和哲学，中国整体的文化和哲学也离不开中医。中医在实践中的运用，尤其在养生这个方面，促进了中国哲学思维方式的提升和升华。同时，人对自然万物的认识的加深和扩展，往往伴随着人对自身生命的认识的深化。所以，中医可以说是一种生命哲学。

三、中医的生命观

中国人最核心的思想是把天地看作一个自然，生命是天地的常物，这个自然是没有任何神秘意义的，它不是一个造物主的概念。因为天地赋予生命，尤其人的生命是万物之中最宝贵的，所以中国人非常重视对生命的保护。中国人强调的"生生之学"，就是指探讨怎样来维护生命、保护生命、提升生命的学问。

具体而言，中医的生命观是生命整体观，它认为生命是一个整体。用整体的、辩证的思维来看待生命体是中医的基点。它把一个人看作一个整体，认为生病不是某一个部位出了问题，而是整体上有问题。所以，治疗也不仅针对某一个实际的病，而是从饮食、起居、心理、情志等各个方面进行总体调节。中医强调整体和局部的关系，整体中的每个部分都息息相关。中国哲学强调整体关联与动态平衡，而中医的理论体系正是在整体观的基础上建立起来的。任何事物都不是孤立的，而是相互关联在一起，处于阴阳消长、相生相克的动态平衡中的。整体包含部分，部分反映整体；部分在整体里面的任何变化都会直接影响到整体，整体的变化也会影响部分的变化。正如一张太极图，里面有阴也有阳，阴阳互相包含、互为消长、互为依赖，阳离不开阴、阴离不开阳。

中医认为人体是一个完整的、相互联系的整体，用这样一种整体的辩证方式来看待一个生命体，应该说是中医最根本的一个基点。中医治病绝不会头痛医头、脚痛医脚，而是进行一种整体的调适，讲究固本培元、标本兼治。中医的药方也特别重视主药和辅药的组合，讲究君臣佐使，通过配伍产生的整体效果来调节五脏六腑的平衡。现代医学把中医的很多理念都解构了，比如给中医分科，实际上这是不符合中医特点的，诚如宋代文豪苏东坡所言："物一理也，通其意，则无适而不可。分科而医，医之衰也。"

中医的生命观还是身心不二观。中医认为，人是精神生命和肉体生命相结合的生命体，其中精神生命起引导作用，肉体生命是听精神生命指挥的。所以，中医从来不会单纯地看待"身"，所谓养生，实则既是养身也是养心。实际上，从身心关系的角度看，养心更为关键。中国的传统文化强调养生必先养心，或者说要心术正。"心之在体，君之位也。九窍之有职，官之分也。"（《管子·心术》）心居主导地位。在中国传统观念中，"心为思之官"，心为一身之主，心管官（官，即各种感官——眼、耳、鼻、舌、身），心也管思想。心管官，官管物，是正常的心术。可是，在实际生活中，常常是官让物管住了，心让官管住了，这样心术就不正了。要理顺两者的关系，才能让人不沦为物欲的奴隶。人肉体上、精神上的疾病，很多是由于管不住自己、禁不住外物的引诱而产生的。

道家曾讲过各种各样修身、养身的办法，《汉书·艺文志》对"神仙"的界定是最深刻的。《汉书》中，养身、治病的方法可分成为四大部分：第一部分是医经，整体上说明治病的道理；第二部分是经方，讲怎样保持身体健康；第三部分是神仙，即讲怎样修炼成神仙；第四部分讲房中术。据《汉书·艺文志》卷三十载："神仙者，所以保性命之真，而游求于其外者也。"身体要健康，就要保住真气。人来到世界以后，真性就丢失了。如何保持性命之真呢？

《汉书·艺文志》讲了三点。第一点是"聊以荡意平心"。我们的心思经常是混乱的，心意不平会引起疾病。荡意平心，即扫除种种胡思乱想。第二点是"同死生之域"。我们要认识到整个宇宙的规律，即有生必有死，我们要认识、看透它，不要贪生怕死。《吕氏春秋》一书讲"勿以贵生而害生"，保养也要遵循"自然之道"。欧阳修给《无仙子删正黄庭经》一书写了个序，开头讲："自古有道无仙，而后世之人知有道而不得其道，不知无仙而妄学仙，此我之所哀也。"意思是说，天下哪有不死的仙呢？有生必有死，这就是养生之道、自然之道。"道者，自然之道也，生而必死，亦自然之理也。"他提出"以自然之道养自然之生"，批评了那些老想着长生不死的信奉道家的人，认为炼丹、服丹等都是为了抗拒自然之道。第三点是"无怵惕于胸中"。怵惕就是紧张、害怕，神经太紧张、整天提心吊胆对身体有害。我们一方面要坦坦荡荡，做正人君子；另一方面欲望要少，做个无私、无欲的人。如果做到这三点，就是神仙了。神仙不是服丹药求得的，而是通过调整精神状态、保持身心平和所达到的一种状态。

以上中医的丰富、深刻的哲学内涵，又都建基于中医医理的思维方式。这种思维方式是长久浸润于中国传统文化之中而形成的，是典型的中国人的思维方式。厘清这一思维方式，对于建立中医以及中国文化的主体性地位具有重要意义。

四、中医的思维方式

（一）整体关联

有人认为，中医的理论是不科学的、模糊的、不可实证的，那是因为他们已经习惯了现在的实证观念和思维，认为你是你、我是我，所以无法认同你中有我、我中有你的观念。而中医的阴阳理论反映的是动态平衡，五行学说反映的是整体的相关性，这些可以说都是中国文化最根本的理念。

中医的思维首先源自中国文化、中国哲学的思维方式，即整体关联的思维方式，它不是一种分析还原的方法。分析还原，还原到后来就各自成为孤立的个体。而整体关联的还原也是还原，也还原到每一个个体，但这个个体是相互关联的个体，而不是孤立的个体。中医根本的问题是研究生命的问题，是研究人这个有精神的高级生命体。也正因为这样，中医的理论里才有整体生命的每一个部分都能完整地反映整体的面貌，而不是只反映那个部分的观念。比如，肝脏不只反映肝脏这个部分，心不只反映心这个部分，它们与其他脏器的生理功能是密切关联在一起的。

我们需要把中国哲学这样一个整体关联的思维方式充分地阐发出来，加强研究，来支撑中医基本理论。中国哲学里，特别是当中国哲学在吸收了佛教里的理事无碍、事事无碍这样的理事关系思想以后，就促成了宋明理学中"理一分殊"理论的产生。而"理一分殊"理论的核心，就是每一个事物都是一个整体，所谓"事事一太极""物物一太极""人人一太极"。每一个事物都不是孤立的，都是一个反映天人关系的整体。我们的文化有这样丰富、深刻的道理，所以才会有把生命作为一个活生生的生命整体来对待的医学理论。有人竟然说它是伪科学，简直不可思议。

(二) 自然合理

基于整体关联的观念，中国哲学又生发出了"自然合理"的理念。这种"自然合理"的思维方式比较成熟的是魏晋玄学，我们认为魏晋玄学对中国哲学的一个重要贡献就是形成了这样一种思维的方式。所谓"自然合理"，也就是说凡是合理的必然是自然的，凡是自然的必然是合理的。具体来说，"自然合理"有两重内涵。

其一，尊重自然。中国哲学里的"自然"是本然的意思，任何违背事物本来面貌的做法，都是有问题的、不合理的。中国人寻找自然合理，认为符合自然的才是合理的。我们应该按照事物的本来面貌"因势利导"，要寻找适合、符合这个事物的本来发展的途径、趋势。对中国哲学的"自然合理"的理念和思维方式，我们要这样去认识、去实践。而所谓"科学合理"的理念，是指人在寻找到事物的本来面貌以后，要去掌控自然、改造自然、改变事物的本来面貌。"自然合理"理念讲的是要顺从、符合事物的本来面貌，要积极地随着事物的本来面貌去发展它、推进它，而不是按照人的主观愿望改变它，这就是中国道家"自然无为"思想的核心精神，不以私志入公道，即所谓"天人合一"。现在很多现代科学家也已经认识到这一点，认识到科学的目标并不是按照人的意志去改变这个自然界的本来关系（生态关系），而是使自然界和人类能够更加和谐地相处。在这个问题上，如果离开"自然合理"这个理念去讲"天人合一"，那么实际上就成了以破坏自然界的生态关系来满足我们人类的欲求，那就变味了。

其二，注重个性。自然合理非常强调符合事物的本来面貌或者本性，也就是它个性化的东西。这就跟科学合理的思维方式，强调普遍化、普遍适用性有很大的差异。魏晋哲学把尊重人自然的个性、尊重自然界每个事物的特殊性强调得很高，而且把它跟人要遵守社会规律结合起来，认为社会对于人的行为规范的制定，一定要符合人自身的本性，但是符合本性不是放任。很多人不理解，觉得要尊重本性就是为所欲为，结果往往是损害自身。所以，只有"适性"才是最好的，适合你的个性，符合你的个性，"过犹不及"，这才是自然合理。对于中医来讲，中医非常强调个性化，诊治时要周全地考虑不同的体质、性别、地域、时间等因素，包括对药材的采用也非常强调地域性的差异，这些跟"自然合理"的思想都有关系。

（三）直觉思维

这里实际上还涉及一个非常重要的理论问题。科学强调精确，是一种线形思维，具有普遍适用性；而中国文化最大的特点是注重整体的关联、动态的平衡、经验的实效，很多是随机性的、不确定性的，思维是曲线性的，逻辑是相对模糊的。科学讲究清晰，而中国整体联系的思维常常是非常模糊的，所以常常受到指责。实际上，人对这两种思维方式都非常需要。现代科学发展已经给我们提出这样一个问题：究竟是清晰更接近事物的整体本来面貌，还是模糊更接近事物的整体本来面貌？我觉得这是个很严峻的问题。科学的发展已经越来越认识到，模糊化其实更接近事物的整体本来面貌，而有时候越清晰越有可能是对事物片面的认识。这也正是现在科学模糊学理论发展的一个道理，模糊数学、模糊逻辑发展的一个道理。对于怎么看清晰与模糊的问题，在中国的文化里面，比较典型的例子就是中医，中医在模糊中有着极其精确的一面，这也是中国文化最根本的特色。

中国哲学强调直觉思维。百余年来，我们形成了这样一种观念：只有理性才是可靠的，直觉是不可靠的；理性的东西是清晰的、准确的，直觉的东西是模糊的、不准确的。有些科学家现在已经认识到，人类认识世界并不只有理性这一条道路，直觉也是认识世界的一个不可或缺的途径；两者是并行的，理性与直觉都有其优、缺点。美国高能物理学家卡普拉在《物理学之"道"：现代物理学和东方神秘主义之间的平行关系》一书中指出，我们过去总以为理性才是智慧，直觉好像不是智慧，但直觉恰恰也是一种智慧，直觉是人类认识世界的一种途径。他用现当代科学的视角，反证了许多中国古代文化中被误解了的观念的合理性。

理性和直觉是我们认识世界、认识自我不可或缺的两个方面。现代科学思维重视理性，贬低直觉，认为直觉没有科学依据，低级而又愚昧。这种误读不破除，恢复文化自信就无从谈起。中国的传统文化相对重视直觉，并强调将这种直觉认识上升到"道"的层面，即所谓的"体悟""开悟"和"证悟"。苏东坡曾说："论画以形似，见与儿童邻。"中国古画画意不画形，寄托的是一种意境。而中国古诗词的字面意思背后，也往往蕴含着深刻的道理。这其中的意境和道理都是需要悟的，而这种悟，往往只可意会不可言传，正如我们常说的"得象忘言，得意忘象"。《论语》讲，认识世界要"下学上达"——下学可言传、可践行；而上达则需要心悟、体悟——表达的也是这个意思。

直觉思维就对应着中医的"望闻问切"。在中医的四诊中，"望"和"闻"是医生的直觉，中医通过"望"观察病者的气色、舌苔和形态，通过"闻"病者的体气、口气、二便之气对患者的病情进行初步的判断。医者"问"，患者通过口述的方式将自己的直观感受告诉医生。最后是"切"，医生通过脉象来印证医者对患者情况的直觉判读是否准确。这构成了一个十分完整的诊断体系。许多人认为中医的"望闻问切"太主观、不科学。中国传统文化重视直觉，我们不能以为只有用西方的理念来理解中医才是正确的，用中国传统的思维方法来构建中医就是不科学的。很多人说，中医不科学，中医就是靠想象，并没有以生理解剖学作为基础。其实，中医也有解剖学，只是做的不是"生理解剖学"，而是"内观解剖学"。"生理解剖学"是在尸体上做的，当一个生命变成了尸体，其所有内在的联系都中断了，看到的都是个别分离的脏器；而中医强调活的生命体的五脏六腑之间的联系。"内观解剖学"可不是人人都能做的，一个心境很浮躁的人不可能感观到自己体内的活动，也不可能静下心来去引导体内气血的流转。古人通过用直觉的方法，把人体内的关系整理、描述出来。古人在"活体"上认识到的规律是不是比在"尸体"上得出的结论更科学呢？我觉得这一点值得思考。如果我们不能够认识到"望闻问切"是一套系统的理论体系，那么中医的根本精神就没有了，甚至可以说中医就没有灵魂了。

五、结语

综上所述，中医的理论和实践充分体现了中国传统文化的根本观念和思维方式。中医的存亡其实牵扯到中国文化根本精神的存亡。对中医的否定，实际上是对中国传统文化和中国哲学的否定。中国传统文化中最有希望成为世界第一的就是中医。但是由于主体性的丢失，中医成了西方医学的附庸。现在西方医学也发生了很大的变化，我们却总跟在西方医学的后面，并没有多大变化。例如，西方医学界越来越谨慎地使用抗生素，而我们却还在大量使用抗生素。抗生素作为辅助治疗是可以的，但是当我们慢慢开始依赖它时，人就失去了自我修复的能力。我们要有自信心，要相信每一个生命都有强大的自我修复能力。我们应该意识到，中国传统的医学理念是西医很好的补充，中、西医是可以相互补充的。

我们要继承中医的传统，坚守中医的传统理念。中医影响世界的不仅仅是在治病的技术层面，更多的是在中国传统文化的理念层面。这不仅仅是中医界的责任，同样也是研究中国哲学、研究中国文化的人的责任，甚至是每一个中国人的责任。继承和坚守中医传统理念，我们责无旁贷，任重道远。

（原载于《中国文化研究》2018年第2期）

应以直觉智慧建立中医的人文标准

中国哲学史学会中医哲学专业委员会已经成立了十年。探究中医哲学，或者说中医的哲学环境、背景、精神，是非常重要的一件事情。

中医是一种技艺，更是一种整体的文化。《汉书·艺文志·方技略》讲道："方技者，皆生生之具。"其所收集的典籍和内容，都是关于医疗、养生方面的，包括医经、经方、神仙、房中等，都是关于如何维持生命、保养生命、提升生命的著作，所以被称为"生生之具"。既有生生之具，就有生生之道，或者生生之理。"生生之具"同样源于王官之学，与中国文化是合为一体的。具体到中医，应是中国文化整个理念的一个具体的实践。中医走到今天这样一个境地，人们存在很多疑问，也看到很多弊病，最主要的原因就在于它脱离了整个中国文化的根。

中国文化最大的特质和特点就在于其人文精神和人文特性，它注重以人为本，从人这个角度去观察问题、思考问题、解决问题。尽管中国文化重视人的主体性、独立性、能动性，但不是把人跟物隔离起来看问题，更不是离开人的问题，单纯去研究物的问题。其研究物的问题，总是跟人联系在一起。现在我们的整个文化，其实有两种不同的文化形态，一种是统治了人类的科技文化，另一种是人文文化。可以说，我们已经被科技文化牵着鼻子走了，而其最大的问题就是缺乏人文思考，并常常把人化解成为物。一旦用科技文化的理念、理论去分析中医，就把中医的根本精神瓦解了。所以现在要振兴中医、复兴中医，还要从中国的文化入手。

我常常跟人们讲，现在人们的脑子里有一个习惯性的思维，碰到问题开口就问：你这个说法有科学依据吗？几乎没有人会问：你这个说法合乎人文根据吗？合乎人文精神吗？比如说人有了病，很多治疗是把他看作一堆肉来治疗，而不是把他看作一个人来治疗，只是解决他物的层面的问题。

人是一个高级的物质和精神结合在一起的生命体，不能简单地把他看成一个肉体生命，也不能把他当作一个简单的物。那么，中医究竟是建立在一种什么样的理论上面的医学？这个问题需要首先从中医这个"中"字说起。

这几年，我一直在呼吁，是不是能够把"中医"这个称呼改回去，改到 20 世纪 30 年代时候的"国医"，用"本国的医学"这个概念完全与外国的医学分开。而中医的"中"是有特殊含义的，一个说法是"上医治国，中医治人，下医治病"的"中"，另一个说法就是《汉书·艺文志》里讲的"有病不治，常得中医"的"中"，第三个是清代的钱大昭在注释《汉书·艺文志》这句话的时候讲的"时下吴人尚曰：不服药为中医"的"中"。因此，"中医"是一个固有的名词，其含义是治人，是有病不治，是不服药。这些概念涉及"中"这个字。"中"是什么？"中"是中国文化里一个核心的概念，或者一个根本的概念。张三丰讲过一句话，他说："夫道，中而已矣。"这个"道"不是道家的"道"，而是中国整个思想的灵魂、核心，最高的、形而上的那个"道"。讲道其实就是一个"中"。

儒曰"致中"，《中庸》讲"致中和，天地位焉，万物育焉"。道曰"守中"，《老子》讲"多言数穷，不如守中"。佛曰"空中"，佛经里面有龙树菩萨写的《中论》讲"众因缘生法，我说即是空，亦为是假名，亦是中道义"。所以从中国文化的"道"这个层面来讲，就是一个"中"字。后来清代的黄元吉著有《乐育堂语录》，也讲"圣人之道，中庸而已。中庸之道，顺其自然而已"。中的思想，在《中庸》里面、在《论语》里面，孔子反复地讲"中庸之为德也，其至矣乎"。中庸作为一种德行是最高的，而"民鲜久矣"。按照这样一个中的道理，中庸实际上也就是用中，反过来讲，就是要把握这个中。从《尚书》里面可以看到，尧传给舜四个字——"允执厥中"。舜传给禹十六个字，叫作"人心惟危，道心惟微；惟精惟一，允执厥中"。后来儒家把这作为十六字心传，代代相传，核心就是"允执厥中"。在很多典籍里面，我们也可以看到这句话："扣其两端，而用其中。"因此，"中"在中国的文化里是根本。

由此，要讲中医的这个"中"，不能把它变成仅仅是跟其他国家和民族的医学区分开来的一个最简单的意义。"中"是中国文化中一个最高的哲学概念和哲学命题。中里面，有两端。以中来用，统一两端，是一种什么样的方式呢？要执其两端，而用其中，这就是一个整体的观念。这样一种理念是怎么得出来的，又涉及另一个大问题，就是中国的哲学理念，或者文化，是在什么样的一种思维方式上构建起来的。现在意义上的科学概念是用理性来分析，用逻辑来推演，用实证来总结，通过量的分析来达到质的定性。科学的基础是理性、逻辑，给人可靠、可信的认识。而对于用直觉认识到的东西，人们总是把它看作落后的，甚至以"不科学"为由否定掉。总是把理性和直观对立起来，这是一个大问题。

中国文化的主要方面是以直观为基础的。过去很少说这个问题：理性是一种智慧，直观是不是也是一种智慧？是不是也是认识世界的一种方法和途径呢？过去都用理性来否定直观、否定直觉，总是认为用直觉所认识的世界是不清晰的，或者说是没有所谓的理论根据的，这是一种对直觉的否定态度。当下对中医的很多指责，比如缺乏量化的统计、缺乏清晰的定位、缺乏普遍的适用性等，也是缘于上述的否定。人们总希望理出一个条理，可以用理论去说明，用量化去证明，却不知道用这样的方法去讲中医，就把中医的根本精神瓦解掉了。中医不是建立在一种理性的基础之上，不用回避这个问题。我们在思维中总是把理性和直观对立起来，才会有这个问题。其实直观里面也有理性的成分，理性里面也有直观的成分。用理性逻辑的方法做分析，首先就要通过归纳，然后再来演绎，而归纳的过程就是许许多多实践的过程，其中也包括许许多多直觉和直观的成分。直观里面也有理性的成分，直观必须要提升到理性，但是这种理性跟那种逻辑的理性不一样，这种理性是一种整体的把握，要去领悟其中的道理，获得体悟或者觉悟。佛教讲的觉和悟，不是用语言能表达的。中国有句老话，叫作"下学上达"。下学人伦日用，上达天道性命。也有这么一句话："下学可以言传，上达必由心悟。"不能言传的东西，我们好像明白了它字面上的意思，可没有把握住它的精神，就因为它不是用语言可以表达的。

语言可以让你理解这个怎么做、那个怎么做，至于为什么这样做、那样做，其中的道理是说不清楚的，需要每个人去体悟，这属于悟的范围。过去受到实证科学的所谓理性的影响，我们不太重视悟，甚至怀疑，其实体悟是非常重要的。所谓心领神会，不可言传，只可意会，这在日常生活中例子太多了。为什么中国文化反复强调得意？得意忘言，得意忘象。中国的艺术作品都在追求这个意境。宋代的欧阳修讲:"古画画意不画形。"去欣赏这幅画,也是要得其意,而不是得其形,不是停留在形上。苏轼也讲:"论画以形似,见与儿童邻。"以像不像来讨论画,简直就跟儿童一样。一个成人不会去讨论这幅画的外形,而是会讨论这幅画所体现出来的意。而对意的领悟与人的文化背景、生活经历有关,有高低参差的不同,没有一个标准的统一答案,情人眼里才出西施,不同之间并不相互排斥。

可是人们现在习惯于标准化、规范化,它们是人为设定的,不是"中"的精神,不符合顺其自然的精神。中庸之道,顺其自然而已。自然是千差万别的,没有标准来评判。世界上没有两片完完全全相同的树叶,就是这个意思。"物之不齐,物之情也。"可是现在,事物都要用人为的标准来规定。我老是说:"我们人啊,要为感觉活着,不要为数据活着。"其实就是这个道理。我看到身边的人,医疗检查数据出来以后,活不了几个月就死了。数据没出来的时候,这些人活蹦乱跳的,数据出来以后就完了。这样的例子数不胜数。有了标准化的数据,就要赶紧解决数据的问题,要降压、降糖,但这样并不能使症状从根本上消失,因为没有从根本上消除病因。标准化很容易导致把症状当病因和病根。

中医在某种程度上是跟着感觉走。现在自然科学的发展也证明,通过直觉认识到的世界,不能简单地否定。我们应该反省这个问题。我经常推荐大家看美国现代物理学家卡普拉写的一本书——《物理学之"道"》,副标题是"近代物理学与东方神秘主义"。在这本书里面,卡普拉就反省了,西方近现代科学的发展,片面地注重理性的认识,认为只有理性认识和理性逻辑才是唯一正确的。现代物理学则发现,世界是一个整体,世界的每一个部分都是不可或缺的;而且每一个部分都不是与其他部分截然对立的,而只是相对的。甚至从不同的角度来看,连物质和能量也都是相对的。每个事物里面包含了所有其他的事物,其他的事物也都在一个整体的世界里面。卡普拉认为,东方神秘主义就是通过直观、直觉、体悟这样的方式来认识整体性的世界。这种认识好像说不出道理,或者说不明白道理,但是又描述了现下世界的实在景象。它就是这个样子,为什么是这样,好像并没有说出来。可是现在常常讲,科学的精神就是要打破砂锅问到底。我说有许多砂锅是打不破的,也是你问不倒的。再伟大的科学家,都会让他的孙子问倒。当他跟他的孙子讲某个东西、某个道理的时候，孙子就会不断地问为什么，问到最后他就回答不出来。先有蛋，还是先有鸡？一个最简单的问题就问倒了大科学家，哪个科学家都回答不出来。所以并不一定非要把所有事情都讲得清清楚楚、明明白白，要认识现下的这个样子。

我们看到，现下的鸡是由蛋孵出来的，蛋又是由鸡生下来的，这就行了，没有必要再去问先有鸡还是先有蛋。《庄子》里面就曾经讲道："六合之外，存而不论。"看也看不见、摸也摸不到的，可以存而不论，不去问，也不去说。所谓"六合"就是宇宙，东南西北上下，就是六合。《庄子》又说："六合之内，论而不议。"看得见、摸得着的，可以说，可是究竟是什么原因，可以不去讨论。鸡是由蛋孵出来的，蛋是由鸡生下来的，知道这个现象就行了，不一定要问个先后。真不知道的时候，可以凭感觉。卡普拉讲的东方神秘主义，包括道家、禅宗等中国文化，还有印度的印度教、佛教等，这些在他的书里面作为专章来论述。在这些论述里面，他提出了一个重要的概念，叫作"直觉智慧"。

直觉也是一种智慧，不是说只有理性才是智慧。哲学是什么？哲学就是智慧学。康德写过《纯粹理性批判》，说明哲学也不是纯理性的。根据卡普拉的说法，认识世界有两条并行的道路，一条是理性，一条是直觉。一条是理性的、分析的、逻辑的、量化的道路，还有一条道路是直观的、直觉的、体悟的道路。他分析物理学发展的历程，最后看到物理学也需要直觉才能够认识到，整体的、关联的、动态的世界是一个你离不开我、我离不开你的世界，任何的定性都只是相对的、对一个现象的定性。他发现，这在东方神秘主义的传统里面，早就被提出来了。确实也是。

就拿佛教的核心理念"缘起论"来讲，缘起就是佛教的宇宙观。这一理念认为，任何事物都不是由神来创造的，而是因缘的际会，各种因素、各种条件集聚在了一起，就产生了某样事物。因此事物跟事物之间是不可分离的，离开了你就没有我，离开了我就没有他，离开了他就没有你。佛经里讲缘起用四句话概括，很清晰："此生故彼生，此灭故彼灭，此有故彼有，此无故彼无。"什么叫缘起？这四句话是很简单的概括。这也说明了整个世界是一个整体，谁也离不开谁。也正因为如此，佛教才有"同体大悲，无缘大慈"的说法。慈悲是全体生命一起产生的。佛教提出这样一个宇宙观,跟今天讲到的整个世界是一个整体的世界,生态文明要讲生态伦理,其实是相通的。

中国的道家,或者道教,更强调万物一体。"道德"这两个字,现在多在伦理这个概念上运用,所以我们经常说伦理道德,或者道德伦理。最初道家用"道德"这个概念,是指世界是一个整体,万物都有各自的特点、各自的本性。最终"道德"这两个字怎么来诠释?"道者,路也,天地万物所共由也。"天地万物都是从道出来的,都要走这条路。天地万物都一样,所以是共同的、整体的。什么叫德?"德者,得也,天地万物所各具也。"道德的德,就是得到的得。所以"德"就是各个事物的本性。现在讲德行,德行就是个性,就是每个事物的个性。所以"道德"这两个字,讲的就是天地万物是一个整体,并且每个事物都有各自的个性。

佛教里面讲了一个概念:一即一切,一切即一;一即多,多即一。"一"就是整个的、所有的一切,"多"和"一切"就是万事万物。"一"离不开万事万物,离开万事万物讲不了统一体;反过来说,万物也离不开"一"。"即"是"不离"的意思,整体不离部分,部分也不离整体,就是这么一个理念。卡普拉是现代物理学的大家,他研究相对论和量子力学以后,看到了世界的这样一种面貌,再联系东方的神秘主义,觉得这两个讲到一起去了。后来还有一位美国的心理学家肯·威尔伯,他写了一本书《事事本无碍》,或者翻译为《本无疆界》。他也认为一切事物都不是分开的、对立的,而是相互关联、没有障碍的。他对于佛教所讲的"一即一切,一切即一"推崇备至。他把这个理念运用到心理治疗上面来,认为以往西方的心理学,包括弗洛伊德、弗洛姆这些人的理论,都是"人本心理学",是站在人的立场来看待人们心理问题的产生。他提出一个概念叫"一本心理学",是说人不能跟万物分开来看,人本来就是万物中的一员。如果人自我孤立起来,跟他人和万物用一条线隔开,而把万物又分成好的和坏的,只追求好的,去掉坏的,那么好和坏怎么分?没有好就没有坏,没有坏也就没有好。人们把生死也对立起来。可是没有生,哪来死?没有死,哪来生?总是要把万事万物分个清清楚楚,于是人的心理就产生了极大的问题。如果把人看作万物中的一分子,那这些障碍自然而然会消失。他提出"分界不等于界限"这个概念,认为分界只是一个标志而已,和界限不一样。

他讲了一个例子，很值得借鉴。他说，当我们看到一条海岸线的时候，就一下子蹦出这样的念头，认为这条海岸线把海洋和陆地隔开了，很少会想，这条海岸线把海洋和陆地连接起来了。两种看法完全不一样，一种看到分割，一种看到连接。看到了连接，海洋跟陆地就不再是对立关系。

其实西方现代科学的发展，早就已经突破了经典实证科学。研究科学、科学史、科学哲学的学者提出了一个新的概念，叫作"复杂性科学"，其中没有明显设置各种各样的界限、分别和对立。其实中国思想也认为世界上没有截然对立的事物，这些事物恰恰是相反相成的，这个观念在中国古代早就提出来了。到了汉代，中国的医学思想也已经达到了基本成熟的程度，医学模式也基本定型，《黄帝内经》就是明证。另外还有《淮南子》《文子》，以及更早的秦代的《吕氏春秋》，也可佐证。董仲舒在他的著作《春秋繁露》里明确提出了这样一个概念，就是"凡物必有合"。只要是一个事物，就一定有合。两个相反的方面合在一起，才可以成为一个物。所以有前必有后，有上必有下，有左必有右，有内必有外，有阴必有阳，一切事物都是这样，没有一个事物只有前没有后。任何一个事物都是对立统一的，这是一个辩证的思维方法。过去这叫作朴素辩证法，是与科学的辩证法对比而论的。科学的辩证法就是科学的；朴素的辩证法就是模糊的和落后的，是不值得注意的。但不要忘了，其实有时候感觉是最准确的。

董仲舒的说法也有源头。有人经常讲到《周易》，其实我觉得这个源头在老子。以前总是说中国人没有科学思想，没有科学理论。比如说出现了一个所谓的李约瑟难题。李约瑟研究中国科技史，看到中国的科技在16世纪之前绝对是世界领先的，到18世纪也可以说很多技术还是领先的。他就很奇怪，这么先进的技术，怎么没有科学理论？所以他就提出了中国文化为什么缺乏科学理论这么一个问题。其实我觉得这是一个伪命题，因为他所谓的科学是一种理性分析的科学，通过直觉感悟的东西在他的概念里不能叫科学。其实中国有科学，这种科学也符合事实，但不是用理性的分析得出来的，而是直观的、直觉的，通过实践体悟出来的。科学不用烦琐的理论去说明，而是用直觉去感受，用眼睛去看、耳朵去听、鼻子去闻、身体去感受，也同样可以。用很简单的语言就能把一个事实描述出来，而这个事实每个人都可以看到，不一定要有很高的理论修养。董仲舒曾经举了一个例子，讲一年四季的阴阳消长。他说，冬至观察到的是白天最短，黑夜最长。白天是阳，黑夜是阴。这说明冬至这一天，阴长到了最高点，阳降到了最低点。所看到的现象就是一年中这一天白天最短，黑夜最长。不用其他理论来解释，直接讲述亲眼看到的、亲自感受到的。物极必反，于是冬至之后，阳一天天往上长，阴一天天往下降。所观察到的现象就是白天一天天地变长，黑夜一天天地缩短。到了春分，阴阳平衡，白天、黑夜一样长。春分过了以后，阳还是往上长，阴还是往下降。阴降到不能再降，阳长到不能再长，就到了夏至这一天，白天最长，黑夜最短。夏至以后，又物极必反，阴又往上长，阳又往下消。阴阳消长达到平衡，便到了秋分。秋分以后，阳继续往下降，阴继续往上长，回到冬至就完成一个循环。冬至是直接观察到的，不是用理论推出来的。这就叫直觉的智慧。

卡普拉说，中国人的语言看似模糊，其实是最简便的语言。把事物运动变化的情况描述出来，虽然很简单、很模糊，但是方向不会错。其他很多精确的、清晰的说法，可能走着走着就出了偏差。他非常明确地讲，人类认识世界，有两条并行的道路，一条是理性的、逻辑的道路，一条是直觉的、直观的道路。这两条道路并行不悖，同样有效，同样正确。现在需要改变这样一种认识，不要认为只有理性的才是可靠的、科学的，直观的、直觉的就不科学。这样的话，就把中医彻底否定了，动摇了认识中医的思维基础。当用理性的这些成分分析中医的时候，就把中医解构了。中医不是在这样理性的基础上解读出来的，而是用一种直观、直觉的精神解读出来的。中医的诊断方式就是建立在这样一种直观、直觉的哲理基础之上，注重的不是数据，而是直觉的感受。望、闻、问、切，这四者构成了两个直觉诊病的路数。望、闻是医者的直觉，问、切是病者的直觉。望，医生一看气色等，就判断出现了哪些问题。古代的神医就是靠直觉。当然，这种直觉不是凭空而来的，而是通过经验自己体悟出来的。再通过"闻"来验证"望"，闻体气，闻声音，闻二便之气，闻口气，等等。从耳、目两个方面去闻病者，大致就可以对通过望所得到的结论有一个佐证。这是医者的直觉。问病人自己的感觉如何，也就是问病者的直觉。现在西方又兴起了一个新的医学理念，就是直觉疗法，认为病者的自我直觉有相当大的参考价值。然后通过切脉，探究病者自我描述的直觉，判断误差如何、正确程度如何。我认为，望、闻、问、切是一个建立在直观、直觉基础之上的非常婉转的诊病方法。

可是现在，有些中医医院已经没有四诊了，都是靠仪器、靠数据，把直觉都丢了。现在还有多少神医？甚至能够切脉的医生都不多。用所谓科技的发展和理念，解构了优秀的、基于传统的诊病方式。这里还有很多问题值得思考。一百年来，我们已经逐步形成了一套固定的思维方法，总认为只有理性判断的东西才是正确的，直觉的判断就有差错。谁知道呢？直觉的判断里面是会有错，根据病人自己的感觉也不一定完全对。可是所谓理性的推论、机器的检查就绝对正确吗？对此我们很少产生怀疑，而对直觉则怀疑很多。还有，科学是日新月异的，理论要不断翻新，要提倡理论创新，可是大家有没有思考过，为什么科学和理论要不断创新？很多人说中国文化缺乏创新，缺乏创新就是没有理论创新吗？"创新"这个词也要琢磨琢磨。理论创新，是不是就好？实际上，科学的理论创新是一点一点不断推翻以前的理论。所谓推翻，也并不是绝对不行，而是说它只适用某一部分。牛顿的经典力学被推翻，不是说牛顿的经典力学是绝对错误的，在所适用的范围里它也是对的。我们对宇宙万物的认识进了一步，发现理论不足，要用新的理论来补充，所以理论才不断创新。原来看问题，总是在局部看，当超越了局部，原先的理论就不适用了，就必须要创新。这是把局部和整体隔开来看的理论创新。

有人说，中国缺乏理论创新，总是一个老调调。不要小看老调调，它是万古不变、亘古常新的。现在都说西药是短命药，中药是长命药，这说明看问题的方式不同，结果也不同。中国人看问题是整体性的，要提高到道的层面，道的层面就是整体。中国文化不是没有创新，也不是在理论上不断创新，而是在实践上创新，将一个道理运用到不同的方面去创新。随着时代、环境、对象的变化，不断地去更新，而道理是同一个，道是万古不变的。理论不断地创新，恰恰说明理论上有缺陷，所以才有创新。如果理论是完整的，就在应用上创新，中国的文化就是这个策略。苏轼在跟一个朋友讨论书法的时候，居然讲了这么一段话，他说："物一理也，通其意，则无适而不可。"明白了道理，用到哪儿都可以，中国人追求的就是这个。为什么可以把阴阳五行这样一个最简单的理论体系，或者说理论架构，运用到方方面面？用阴阳五行，可以去认识宇宙万物，去治理宇宙万物，也可以去管理一个社会，去管理自己的身心。这样一个道理，"通其意，则无适而不可"。紧接着，苏轼又讲："分科而医，医之衰也。占色而画，画之陋也。"画画一定要选特定的人物、场景、颜色去画，则失之陋。医缓看病，不分老少，谁来都看。物一理，人也是一理，人体的生理状况也是一理，所以不分。只不过面对的对象不同，有老人和小孩的分别，但是不会分科分得那么细，只看老人，不看小孩。现在到了医院，尤其是到了西医院，都不知道挂什么号。

我几十年都没有上过医院，现在医院里面有什么科我都不知道，也不知道去挂什么科。分科而医是医之衰，这个话题很尖锐。但我想说明的道理是，中国不要去追求不断的理论创新。理论之所以要不断地创新，恰恰说明理论的不完备。如果理论完备，物皆一理，那么剩下的只是应用的问题，要在应用中去创造、去创新。要从根本上纠正影响到对自己传统文化信心的不当观念。当然，改正观念也不是很容易。当年连梁启超这样的人物都认为阴阳五行是中医里最落后、最迷信的。这里恰恰存在对一个人的整体理解问题。有人讲，人不会有病，有的只是不平衡，不是阴阳的不平衡，就是五行生克的不平衡，这不是病，而是不平衡造成的。怎样平衡？通过把握"中"，来达到"和"。对于"和"的理解，也存在很多误解。一讲到和，和谐，就讲平衡。你50%，我50%，这是天平上的平衡。实际上，"平衡"这个概念不是说一定要相等才平衡，差异中间也有平衡。"以他平他谓之和"，不是说以他的50%来平你的50%就和了，而是说，只要加入不同的东西，然后就感到平衡——而这个不同的东西有时候也不仅仅是一个，也可能要加入两个、三个才平衡。因此，人身上各种因素所要占的比例不是关键，关键是"和"。现在一讲到平衡，讲到和谐，就说你多少、我多少才平衡，这个观念也需要纠正。

为什么中药要君臣佐使？也是因为要"和"。现在还有一个错误的认识，总认为中药治病是某味药里面的某个成分在起作用，于是慢慢变成了提炼单味药里面的有效成分来治病。这不是中医，不是中国的医学！中医治病不是以药来治病，更不是以药的有效成分来治病，而是以方来治病，方里边就有君臣佐使。不同的成分结合在一起，就要讲"和"、讲"中"。

其实中国哲学讲到"和"的问题就是这个意思,要恰如其分。《中庸》讲"致中和",其中"中和"就是恰到好处。俗话说:"礼多人不怪。"其实,礼多人是要怪的:送那么多礼,一定有什么企图。要恰到好处,恰如其分,才叫"和"。

现在很多观念的思维方式简单化,反而把中医引向了歧途。对中医的很多误解,来自用西方的思维方式去理解,把中医扭曲、解构了。原来的思维方法被改变,陷入了一种非此即彼、定量定性的思维方式,而不是根据实际情况,对不同的对象加以具体分析。这些问题,我们今天要深刻反思,否则中医的核心理论很难有所突破。总认为中医模糊、不清晰,这也是对中医的误解。只看到理论上的模糊性,而没有看到中医在实践上面的精确性。我们必须要看到这个方面。理论模糊也不是坏事,通过直觉、直观来看,本身就不是一个理论的分析。可能没有数据、没有逻辑显得很模糊,但是在运用上面,应当说中医是非常精确的。中医一定要因人、因时、因地而异,这就是讲求精确。中医不是把一个治感冒的方法运用到所有的人身上。中医不是通过部分的量化、概括,就产生了一个全体适用的、普遍性的东西,而是更注意个性的差异、身体基础的差异、地区的差异、老少的差异、男女的差异。这多精确!

药材方面更精确。同样一味药,产在哪个地方:贝母,是川贝还是浙贝;长到什么时候采最好——有的要刚冒出芽时采,有的要等有了花骨朵时采,有的要等到长开了采。地点、时间不同,药性就不同。早晨采、中午采、晚上采,都不同。中国的文化,或者中医,就是模糊中的清楚。如果模糊就否定,就看不到清楚的特色。如同看不到本有的理论而去创新,就忘掉了实践上的创新。实践上的创新,中国非常丰富。拿中医来讲,同样的病,这个医生可以这样去治,那个医生可以那样去治,甚至在一般人看来,这两个人的治疗方式冲突了,但他们同样都能创造性地把病治好。所以,中医不要自卑,不要让人吓唬住。不科学、没有理性的思维、理论模糊,这不是关键,关键是在实践中创新、在实践中求精确,最后解决问题。

想想也很简单,理论很清晰,到了实践上面,反而是模糊的。刚才就讲，不管男的、女的、老的、少的，用一样的药，不就是模糊？理论上很精确，计算起来再精确也不够，也不能够概括所有的人。拿一亿个人来做统计，一亿个人统计出来都有效，对70亿的全人类就都合适吗？不可能的。所有的归纳都是局部的归纳，都是有限的归纳，不能推广到无限的运用中。而掌握了一个根本的道理以后，可以针对不同的对象去应用，就要考虑个人的生活、饮食习惯以及整个体质，这就有针对性，很具体、很实际。

今天要真正认识到中国文化的这样一个特征。我们不要自卑，要想办法去掉中国哲学里用"朴素"两个字贬低、否定中国文化的做法。辩证法就是辩证法，没有朴素的辩证法。朴素辩证法的说法有贬低、淘汰、过去的意义，这是科学的辩证法带来的。20世纪80年代，一个到中国学中医药的瑞士学生去找我，说他满怀希望到中国，想听听中国人对中医是怎么讲解的，结果一听，都是用西方的一套理论来讲，很失望，所以他就想听听中国哲学史，说中国哲学跟中医密切相关。我当然欢迎他，但是我让他也别抱希望。为什么？因为现在讲中国哲学史，也是用西方的哲学理念来讲。当时我也讲中国哲学史，脑袋里面装的哲学发展史，就是唯物主义和唯心主义斗争的历史，就是唯物主义不断战胜唯心主义的历史。讲某个哲学家，首先要给他定性，是唯物的还是唯心的。老子讲了一个莫名其妙的道，道究竟是什么东西？有人说道是气，那老子就是唯物主义；有人说道不是气，是精神，那老子就是唯心主义。首先就分这个，然后再来讲哲学，就解构了中国哲学的核心理念。中国哲学其实不是讨论谁是第一性、谁是第二性，由谁来决定谁；中国哲学讨论的是心物问题。两者碰面了，心发生了什么变化，物又发生了什么变化，中国哲学讨论的是这个问题。怎样才能够合乎事物的本来面貌？顺其自然而已。中国人以往最尊重自然，现在尊重的是什么？尊重的是标准化、规范化。这是对自己失去信心的表现。现在在中国，特别是中医，一定要让每个人都树立起对自己的信心，每个生命体都有自我修复、自我痊愈的能力，必须要树立起这个理念，这就是自然。

人能够生下来，就是因为天地之和，有天地之和才能生下来。怎么能够生存下去？保持"和"才能生存下去。关键问题是，这个"和"被破坏了，就要调整"和"，一直延到该和的时候。养生治病没有别的道理，就是

"去其所本无,复其所固有",回到最纯真的原本的状态,保持一个和的状态,没有别的了。每个人都要对自己有信心,靠外部的东西,弄不好,不是过了,就是不及。"是药三分毒",所谓毒不是毒害的毒,而是偏性的毒,一偏了就不和了,不和了就病上加病。现在我们最大的问题就是对自我缺乏信心,而中国文化的一个核心就是"反求诸己",反躬自问。碰到困难,不要怨天尤人,要反躬自问。身体出现了问题也一样,不要一天到晚去抱怨。环境不好也不要抱怨,引以为教训就好。既然问题已经来了,也不要那么担忧,担忧本身只会减弱抵抗力。已经这样了,就不要再去破坏,要让自己慢慢恢复起来。既然生活在这种环境里,就想办法让自己去适应,把自己练成"金刚不坏之身"。人就是在这样一个适应的过程中度过的,抱怨是没用的。抱怨只能增加你心里的负担,身体反而更受影响。要对自己有坚定的信心。人的身体靠自己,即使用很多药,这些药也只是用来激发你自己内在的动力。不是药治好了你的病,而是你自己治好的,药只不过是一个推动力或者辅助力。更要注意心理,对自己失去信心,就活不长;对自己有信心,把生死置之度外,反而可能长命百岁。

我一直讲,我最欣赏的就是《汉书·艺文志》里面"神仙"的说法。神仙自由自在,长命百岁。什么叫神仙呢?《汉书·艺文志》下的定义非常好:"神仙者,所以保性命之真,而游求于其外者也。"人生下来,天生的真性已经慢慢丢失了,所以要重新求回来。怎么求呢?首先,"聊以荡意平心"。让自己的心安静,不要胡思乱想。欲望太多,追求太多,心意不宁静了,那就不可能健康快乐,不可能长命百岁,所以要"荡意平心"。然后,"同死生之域",是说看破生死,不要一天到晚担心。不要贪生怕死,要同生死之域,不要把生死看成两个截然不同的地方。最后,"无怵惕于胸中"。怵,发怵,紧张;惕,警惕,害怕。心里面没有紧张、害怕,无怵惕于胸中。怎样才能够做到?"君子坦荡荡,小人长戚戚。"坦荡荡就半夜不怕鬼敲门。荡意平心,同生死之域,无怵惕于胸中,就是神仙。我们每个人能够做到吗?过去讲,医生"治病不治命"。医生只能治病,不能救命。人生命的长短,其实也是由一种客观规律决定的。按照古人的说法,至少是"度百岁而去",人活到120岁、125岁都是正常的,可见那时绝大多数人都是"夭折"而死。

《黄帝内经》提到了养生方法："法于阴阳，和于术数。""法于阴阳"是说要顺应自然环境，"和于术数"是说要选择一个好的方法。下文的"食饮有节，起居有常，不妄作劳"，是说要自己管好自己。如果自己管不了自己，生病就是"活该"。现在很多人花大量的钱财去制造病，又花大量的钱财去寻找病（做各种各样的仪器检查），然后花大量的钱财去治病，最后痛苦地死去，只能是这样。把握住原则，不要花钱去造病。现在全国很多地方都有养生的节目，我觉得很多是误导。真的很可怕！一天到晚，不是说大家缺了这个，就是说大家多了那个，没有病找病。吃五谷杂粮哪有不生病的？有点不舒服很正常。要趁机反思反思，是不是这一段时间饮食方面有问题，起居有问题，心情不好，太劳累了，等等。要先做自我检查，然后自我调整。我相信，如果那样做，用不了多久就会恢复平衡。如果不是这样，而是劳累过度了就马上吃药，那就更透支了。本来已经过度疲劳了，再去吃亢奋的药，就会对疲劳麻木。好还是坏，真的很难说。

中医首先要给大家一个理念：病是自己生的，也是自己能治好的。中国文化的核心是向内"反求诸己"。"克己复礼为仁"，做人就要克己。中医是中国文化生命之学的一个基石，中医的医学理念就是在实践中国文化、实践中国哲学、实践中国的道。离开了这些内容，就不能叫作中国的医学，不能叫作国医。现在要有这个志气，要在中国这样一个"原典"文化的基础上，创造出适用于今天社会环境的新医学。中国确实有很多精深的思想。是以中国为体，以传统为主体，吸取外来文化的精华，还是跟着别的文化走，从中找出中国文化的东西，这两者完全不同。我觉得中国完全有在自己的根基上面，吸收外来的文化，发展出当代尖端医学理论。中国如果要在文化上走在世界前列的话，我想中医是最有希望的。因为我们已经有非常深厚的，跟我们的整体文化融为一体的一种医学理论和实践的基础。

在这样的理论和实践的基础之上，能够解决当前所面临的许多现实的生命问题。现在有大量的抑郁症患者。抑郁症不是用治疗肉体的方法能够解决的，它是完全属于一个人的精神生命领域的问题。中国传统文化把精神放在第一位。佛教称佛祖释迦牟尼为大医王，还有一个单独的药师佛。

怎样用好传统文化的理念来医治今天人群中各种各样的心理问题？药师佛希望人人都能过上快乐的生活，快乐生活最重要的是心态。药师佛不是让你服草药，而是让你服心药，心病还需心来医。所以我觉得针对中医哲学可以开展一些专门化的研究，而更重要的是探究如何从整体上将中医哲学跟中国的传统文化、传统的哲学理念结合在一起。做到这些的话，我想中国的医学会有非常灿烂的未来。

（原载于《中国哲学史》2018年第1期）

中国文化的生生之学

按照现在学科的分科，对于医学我完全是个外行，或许根本就没有资格来谈。但如何认识现在的学科分科，是一个值得探讨的问题。科学这个概念指的是研究客观物质世界的自然科学。它是世界近代以来兴起的一个概念，这个概念最初的含义是指分科的学问。所以我们可以看到，近代以来我们的文化研究分科越来越细，隔行如隔山。表面上分科越细，研究就能越精确、深入，但是从另一个角度来看，我们的眼界变得越来越窄，思路也越来越窄。分科的学问到现在，其中的弊病已经显露出来了。

从20世纪80年代起，甚至从50年代起，许多大学就开始专业化，把学科分得非常细。这种过分的专业化分科使我们的思想受到很大的局限，所以后来很多学院又成立了文科，一些医科大学又重新回到综合性大学里面去。因此，我们对传统的文化跟现代的分科要有一定认识。

我提出了"生生之学"这个概念，其实提出它的最初目的就是要冲破我们对"医"这个概念的认识——现在我们对医的认识主要停留在找病、看病、医病及预防。其实中国传统文化中的"医"是包含在整个文化之中的，它不是专门的治疗方面的文化，而是整体的文化。

一、何谓"生生"

"生生"这个概念来自《周易》的"生生之谓易"。我原来主要研究中国哲学，所以也仅仅把"生生之谓易"这个概念用在认识天道、地道、人道上，主要从哲学角度去思考，并没有联系到其他方面。《汉书·艺文志》将《汉书》中留存下来的有关医学方面的著作总结为《方技略》，包括医经、经方、房中、神仙四个方面，指出"方技者，皆生生之具"。我受到这个启示，将它和"生生之谓易"的"生生"联系起来了。《周易》说的

"生生之谓易"就是生生之道、生生之理。一个是讲肌体机能层面的问题，一个是讲天道、地道、人道的学问。既然有生生之道，又有生生之具，那么这两个合在一起就是生生之学。"医"不能仅仅停留在"具"的层面。从《汉书·艺文志·方技略》对于各个部分的叙述可以看出来，它不是停留在"具"这个层面，而是上升到"道"这个层面，这恰恰是中国文化共同的特征。

我在北大创立了京昆古琴研究所，作为所长，努力把列入世界非物质文化遗产名录的两种艺术做起来。

在这个过程中，我提到了一个理念，可以说是中国文化的一个根本性理念，即"以道统艺，由艺臻道"。这个"艺"不是单指文艺，琴棋书画、歌舞，而是指中国古代文化传统之"六艺"，除了文艺，也包括武和技。所以我们从事任何具体的艺都要跟道结合，没有生生之道的指导，就不可能去做好生生之具的工作。而我们所从事的生生之具，又必须被不断地提升到生生之道。医学界经常讲"医易同源"，强调医是从易而来的，这两个都是探讨天、地、人的道理。既然可以说"生生"之为易，是不是也可以说"生生"之为医？医易同源，都是在探讨"生生"的问题。那么什么叫"生生"呢？第一个"生"是指对生命的认识和对生命的保护，第二个"生"是生命的生。所以两个"生"连在一起就是尊重生命、认识生命、保护生命的意思。这个生命不仅仅是人的生命，也包括了万物的生命，包含了天、地、人。

二、从整个中国文化体系认知中医学的"生生"内涵

生命是活的；还有许多非生命，那就是死的。其实从另一个意义来讲，非生命也是一种生命，就像物理学探讨物质，还有暗物质，暗物质也是一种物质。那么，那些看起来似乎是没有生命的东西是不是在变化？石头是没有生命的，但是石头是不是也在变化？沧海桑田，高岸为谷、深谷为陵，整个宇宙都在变化，它是另一种形式的变化，而且另一种形式的变化跟这种活体的生命变化也有相通之处。所以我觉得我们在理解中医这个"医"的概念时，要把它放到整个中国文化体系中去，从生生之学的角度去理解它，只有这样我们才能够把"医"的概念搞清楚。

我是学哲学的，后来从事中国哲学的研究，对于中医的关心是从30年前开始的，但我没有任何实践经验，只能从理论上学习它、了解它。30年前，一个北京中医药大学的瑞士留学生来找我，我当时是北京大学哲学系中国哲学史教研室的主任，他在中医药大学读了两年。他说他听到的对于中医的解释都是用西医的逻辑来讲的，他觉得很困惑。他说："如果我到中国来也还是学习用西医的理论来解释中医的话，我就不用来了。"他认为中医理论跟中国哲学的理论是一脉相承的，是中国哲学理论的一种实践的体现，因此他想到北京大学来听一听中国哲学史课。但是，我告诉他不要抱太大的希望。为什么？因为我们现在讲的中国哲学也是拿西方哲学的理论来解释的。但他的这次来访引发了我的反思。

我们这些年来确实是用西方的哲学理论来解释中国哲学的道理。比如老子的"道"，道生万物，"道"是生万物的根源。这个"道"是什么？这个"道"就是精神，就是黑格尔的绝对的精神，就是柏拉图的理念。用这样的方法来解释老子，那完全不是老子的思想。因为老子说的"道"是无形无象的、不可言说的，它不是在万物之外，更不是在万物之上的，它是存在于万物之中的。万物是从"道"那儿得到了它自己的本性，这就是它的"德"。所以我们古人同时说老子的"道""德"这两个概念。"道者，路也，天地万物所共由也。"天地万物都要从这条路上走出来，这就是道。"德者，得也，天地万物所各具也。"天地万物所各自具有的特性就是"德"。离开了所有万物的德就没有这个道，所以道不是在万物之上。医里面就包含了这个最高的道。医是具体的技艺，如果只停留在具体的技艺，医一定会离开这个道而走向片面。中医如何来体现我们中国的"道"？我看了一些中医的书，发现中医的很多道理跟我学的哲学著作里面讲的一样。中医说养生要分四时，要调情绪，哲学里面也有"循天之道以养其身"。再看看我们说的阴阳五行，董仲舒第一个详细地把阴阳五行构建成一个比较完整的体系，阴阳消长，五行生克。用阴阳来解释天道的变化，阴阳消长就构成了一年四季的变化。阴长到了极点，阳消到了极点，就是冬至。冬至以后，物极必反，阳开始一点点往上长，阴开始一点点往下消。到了平衡的时候，就是春分。春分过后，阳继续上长，阴继续下降。阴降到最低，阳长到最高，就是夏至，然后，物极必反，达到阴阳平衡就是秋分。秋分以后，阴还是往上长，阳还是往下消，就回到了冬至。人也要循天之道，要遵循四季的变化，身体内部也在阴阳消长……这不就是讲养生的道理吗？

再看看别的哲学著作。《吕氏春秋》讲了大量有关保护生命的道理，里面有专门讲"贵生"，认为养生的要点就是"去害"，"去害"就是把多余的消除掉。书中还讲到什么叫"全生"，什么叫"亏生"，什么叫"害生"。里面特别讲到"生生"的道理，强调过分注重自己的"生"，就变成了"厚生"，"厚生"的结果反而变成了"害生"，即"不以厚生而害生"。中国人讲到"生"，有很多的概念，如摄生、养生、卫生、厚生等。我们中国人把维护人的健康的部门叫作卫生部，这取自《庄子》里面借老子之口讲的"卫生之经"。日本人却采用了一个让我们警惕的词，把维护人生命的部门叫作厚生省。所以我说要警惕"勿以厚生而害生"。

再看看《淮南子》，里面有很多内容跟道家著作《文子》有关。过去很多学者在讨论究竟是《文子》抄了《淮南子》，还是《淮南子》抄了《文子》，因为里面有很多相同的东西。现在这个问题已经解决了，20世纪70年代发现的《文子》原文证实，它的存在早于《淮南子》。

我们把《淮南子》作为一个哲学著作来读。通过研究《淮南子》，我从里面找出了50多条跟医学有关的资料。然后再看《老子》，甚至《孟子》《论语》中很多内容都跟"生生"的问题，也就是怎样保护生命、尊重生命的道理有关。孟子讲："吾善养吾浩然之气。"浩然之气就是一股正气。不难看出，我们中国的哲学，乃至于整个中国文化，从某个意义上来讲，都直接跟我们尊重生命、爱护生命、保护生命这个理念密切相关。

三、厘清"中医"之概念

如果我们超越了现代人对"医"这个概念的框框，那么我们对中医的认识就会发生一个根本的变化。我们可以思考一下传统文化提到的几个中医的概念。现在也仅仅把中医的概念局限为跟西医相对的中国的"医"，或者在中国地区的"医"，这是很有问题的概念。相对来说，我比较赞同20世纪30年代称"中医"为"国医"。当时都用"国"这个概念来区别于西方，我们的话称为"国语"，我们的武术称为"国术"，我们的历史教材称为"国史"。这个其实在日本也是通用的，日本也把他们本国的历史称为

"国史"，来跟其他国家相区别。

用"中医"代指中国医学就跟我们历史上的"中医"概念混淆了。很多人现在不清楚，其实在中国传统文化中，"中医"这个概念是特定的。扁鹊讲中医是治人的，中医是治未病的。"上医治国，中医治人，下医治病"，这是中国传统文化中"中医"的概念。

我特别提到这两个概念，也是现在很多人无法理解的。《汉书·艺文志·方技略》经方类载"有病不治，常得中医"，就明确了中医这个概念。清代的一位学者钱大昭注释《汉书》时讲："时下吴人尚曰：不服药为中医。"再加上我们历史上很多名家都说中医就是要致中和，所以中医是中和之医。

致中和之医是中国文化最根本的立足点。这就涉及中国人根本的世界观。所谓世界观就是天地万物和人是怎么来的。西方的宗教讲天地、万物、人都是神创造的。基督教、犹太教、伊斯兰教信奉"上帝"或"真主"，认为天地万物都是"上帝"或"真主"造的，所以他们都要听命于这个神。印度的宗教是多神信仰的宗教，认为世界万物是由许多神创造的，而人的命运也是由神来决定的。而中国文化不是这样的，中国文化认为天地万物是气化的结果，不是神创造的，而是自然的产物。这个认识是非常重要的，与其他文化有根本的不同。

东汉一位著名的哲学家叫王充，他总结道："天地合气，万物自生。"再形象一点说就是"天地合气，物偶自生"，就好像"夫妇合气，子自生矣"。这是一个自然生长的过程，没有任何一个主宰。

生命是合气而成的，万物也是这样，所以我们称之为"天和"。中和的状态就是生命的生存，也是生命的延续。《中庸》讲："致中和，天地位焉，万物育焉。"天在上，地在下，天覆地载，万物生生不已，这就提到"生生"这个概念。生命是以气的变化达到一种和的状态而生的，生命的生存和延续都要达到和的状态。《老子》讲："道生一，一生二，二生三，三生万物。万物负阴而抱阳，冲气以为和。"这说明生命是在阴阳之气达到和谐的状态后产生的，失去了"和"就要想办法把它调整到"和"。这可以说是中国人的一个根本观念。这个观念不仅仅适用于我们人类，也适用于万物。

《中庸》提到，"诚者，天之道也；诚之者，人之道也"。天道讲诚，所以人道也讲诚，人跟天在此合一。《周易》的观卦有"观天之神道，而四时不忒"的记载。我们去观察天的神道，什么是神道？变化之道。"变化不测之谓神。"中国文化中"神"这个概念跟西方文化中"神"的概念是不一样的。神最原始的含义就是变化不测，或者说阴阳不测。北宋的张载给"鬼神"下了这么一个定义："鬼神者，二气之良能也。"观卦就是在说观察天的阴阳之气变化的道，一年四季，年复一年，没有差错。这就是诚信。

"圣人以神道设教，而天下服矣。"意思就是圣人要像天道一样讲诚信，这样治理国家、教化民众，大家都会信服他。所以人要向天道学习，天人是会有感应的。董仲舒特别讲到"天人感应"。天人感应这个思想在中国医学里面体现得最充分，因为自然界和气候的变化对我们人体的影响实在是太大了，而且非常直接。

天怎么来感应人比较好理解，我们不太容易理解的是人的行为怎么影响天。过去我们都把董仲舒的天人感应思想说成迷信，批判他。自然界的变化对人的影响我们都能体会到；而人的行为怎么样影响天道的变化，我们不太注意——而这只不过是时间长短的问题。自然界的变化对人的影响可以很直接地让你感受到，而人们的活动变化对天道的影响可能需要比较长的时间才能显现出来。其实我们现在已经感受到了，人的活动让我们的生存环境发生了巨大的变化，以至于现在很多地方已经不适合人类居住了。这不就是感应的问题吗？所以中国哲学讲的这些理念，与我们的现实生活是有直接联系的。从某种角度来讲，现在确实比较偏重于治，而对于养，特别是对于"以养来治"的关注还不够；或者养也走偏了，走上了以厚生来害生的路。

《史记》的《扁鹊传》里面提到扁鹊的一句话，非常值得我们今天的人来思考。扁鹊说："人之所病，病疾多；而医之所病，病道少。"这句话很值得我们思考。人们忧虑的问题在于疾多，而医生忧患的问题则是病道少。我觉得这个道也不是指单纯的医理。孙思邈在其《千金要方》的开头就提出，做医生不应只读点医书，而是要对整个文化有全面的把握和了解。这非常重要。孙思邈在《千金要方·大医习业》里提道："凡欲为大医，必须谙素问、甲乙、黄帝针经、明堂流注、十二经脉、三部九候、五脏六腑、表里孔穴、本草药对、张仲景、王叔和、阮河南、范东阳、张苗、靳邵等诸部经方。"这是专业课内容，但今天很多医学院的学生不见得都读了这些内容，也就是说中医的专业典籍也不见得都读了。孙思邈还提出来，"又须妙解阴阳禄命，诸家相法，及灼龟五兆，周易六壬"。这些都需要精熟，要求就更高了。这里提到的象数、风水、命理、占卜、灼龟，我们现在都认为是迷信，不值一提，可是孙思邈提出做医生的要熟悉这些，有没有道理？我想很有道理，因为这些内容实际上涉及人们的信仰问题、人们的心理诉求问题，人们希望有一种力量来暗示自己、支撑自己，用现在的话来说就是心理问题。不仅如此，做医生还要涉猎群书。"若不读五经，不知有仁义之道；不读三史，不知有古今之事；不读诸子，睹事则不能默而识之；不读内经，则不知有慈悲喜舍之德；不读庄老，不能任真体运，则吉凶拘忌，触涂而生。"实际上，清朝姚止庵对《素问》的"素"的解释就告诉我们，经史子集都要读，要广泛地涉猎。"不读内经，则不知有慈悲喜舍之德"，这个"内经"不是《黄帝内经》，而是指佛典；慈悲喜舍是指佛教讲的四无量心，读佛经才能够知道做人要具有慈悲喜舍这样的德行。所以做医生，经史子集都要读，还要读佛典。这些还不够，"不读庄老，不能任真体运"，意思就是尊重自己的真性，不要违背它，顺其自然，否则吉凶拘忌。所以为医不仅要读四书五经、读史、读诸子，还要读佛典、读老庄。这个还不够，"至于五行休王，七耀天文，并须探赜"，意思就是天文地理我们都要通晓。只有这样，对于医道，才能无所滞碍。

所以中国的医道不仅仅是了解人的身体、了解各个部位结构如何、了解哪个部位得了病，不是那么窄的，而是扩展到整体文化的，维护生命作用的。

四、 谈谈中医的生命之道

如果我们能够从生生之学的这个高度来看待"医"，那么就不能只停留在人身体的某个部分，而是要从整体来看。不体会整个中国文化的特性，要把中国医学推向世界，是不可能的。今年年初在北京"中医影响世界"的论坛上，我特别提到了一个想法、一个理念，即要大力弘扬中医的"不药之药，无方之药"这个传统。其实中国的传统医学强调的不仅仅是用药方来治病，也不仅仅是用针灸砭石、推拿按摩来治病，更多的是强调无药之药、无方之药。

近代的曾国藩在给他儿子的信中写道："治心以'广大'二字为药，治身以'不药'二字为药。"人所谓的病，无非就是身、心两个方面：一个是要你心胸广大，一个是要你不要用药。曾国藩说药能治病，但也可能加重你的病，所以要慎用。清代姚止庵对《素问》的"素"的解释是："养之不素则病生，治之不素则病成。"《素问》的"素"有很多解释，我觉得有一个解释恐怕是最好的："素者本也。""本"有几个含义：一个就是原本，或者说平素；另一个是根本。中医讲治本，《素问》就是问的根本、原本，养要根据它的原本去养，治也要根据原本去治。如果养之不素，加了很多不是原本的东西，病就要产生了；治若不根据原本的体质去治，病就形成了。所以养生也好，治病也好，没有别的，只要"去其所本无，复其所固有"。人本天地阴阳之气而生，养生、治病，其实就是回归到其原本的状态。

我们常说"养生必先养心，治病必先治心"，都是说精神的因素更重要，更起决定的作用。如果我们自己有"素"的话，我们要抓住这个"本"，从精神和心理去着手。

现在国外研究证实，78%的疾病是由情绪引起的。我认为这个统计数字还是比较保守的，事实上80%甚至90%的疾病都跟情绪（中医称其为情志）有关系；甚至说100%的病都跟人的情绪有关系，也不为过。

中医经常讲，疾病分为三大类：一类是意外伤害，这可能不能称之为疾病；除此之外无非就是两大类——外感、内伤。外感之所以在你身上能发病、致病，跟自身的免疫能力、抵御能力有关。自身的抵御能力中，起主要作用的是什么呢？是情志、情绪。

中国香港做过统计，究竟有多少人感染了沙氏病毒，感染以后发病的有多少，发病以后严重到无法治疗而死亡的又有多少。这个比例我们一看就明白了，感染的有那么多人，可是感染之后发病的大概也就是1%或者2%，其中不治而死的更是极少数。所以可能我们把外在的力量看得太强大了，而把我们自身抵御的能力看得太弱了。

如果中医也是这么去看问题，那就完全丢失了中国文化的精髓。中国文化是一种向内的、看重人体自身能力的文化；而西方文化是向外的，看重外在的力量。所以中医的着眼点应该是自身的抵抗、修复、痊愈能力，而不是靠外物的辅助。《汉书·艺文志·方技略》讲得很清楚，用药石的阴阳之性来调和、平衡体内的阴阳，根本上是要靠你自己，尤其是"神仙"这一条，完全是在强调人的自身问题。

《汉书·艺文志·方技略》提到了"神仙"："神仙者，所以保性命之真，而游求于外者也。聊以荡意平心，同死生之域，而无怵惕于胸中。"这句话提出了三个方面。第一，要"荡意平心"，因为我们的心太乱了，想这个想那个，贪这个贪那个。心境要平静一点，不要胡思乱想。第二，要"同生死之域"。生死不要看得太重了，要把生死看作是一样的，看破生死。第三，要"无怵惕于胸中"。"怵惕"就是提心吊胆，就像《论语》所说的"君子坦荡荡"，不做亏心事，还有什么可怕的。

当然，过了也不行，这称为保真，保性命之真。人一来到这个世界上，就会不断地丢失自己天生的真性、天然的真性。我们都知道，儒家也说到"人之初，性本善"。此说源于孟子。孟子说人的本性是可以为善的，他指出人天生就有"四心"，在此基础上，形成人的仁、义、礼、智等品德。"四心"就是人生来就有恻隐之心、羞恶之心、慈善之心、是非之心。我们把它充分发挥出来，就形成人的仁、义、礼、智这样的品德。

人生下来以后就不断地把这些东西丢失，一点一点地丢失，甚至可以说丢失到最后没有礼义廉耻了，统统丢掉了。《孟子》里面有一个比喻：山上原来草木繁盛，可是经不住人今天砍一棵树，后天割一片草，结果变得光秃秃了。人心也是如此。怎么办？要把这些"心"找回来，所以要"养浩然之气"。人来到这个世界上，丢失了天和，丢失了阴阳之气的和谐状态，所以要把它恢复。

我经常跟大家说，读《老子》首先要认识到他讲的"道法自然"。"道法自然"就是强调事物的本然状态，本然就是自然。要尊重每个事物的本然状态，这一点在中国医学里面运用得最好。看病一定要因人、因时、因地而有差异，就是要考虑时间的差异、体质的差异等。这就是自然，我们要懂得尊重。我们现在讲的这个道理，应该说很多从事中医的人员也都很清楚，而我们在实践上有没有做到呢？那就很难说了，所以我觉得还是应该反复地强调。道家的原则就是要尊重每个事物的本性。

《道德经》里面有一句核心的话，就是"反者道之动，弱者道之用"。

道的变化运行总是反的，道的运用要守柔，这两点非常重要。所谓道的变化运动是反的，包括两层含义。一层是"相反相成"，任何事物都是有两个方面的，没有一个事物是只有一个方面的，独阳不成，独阴也不成。董仲舒认为，任何事物都是相合的，有左就有右，有内就有外，有前就有后，等等。所以一定要看到相反相成，这是一个重要的思维方式。事物不是绝对化的，不是非此即彼的，而是彼此不可分的。再一层是"物极必反"，事物发展到了极点就会向其反面转化。

中医是辩证施治，因为我们的思维就是辩证的思维。我们不崇尚非此即彼，不对此和彼做决定性的定量规定，更不会把这个定量定性的结论运用到一切事物上。我们现在很习惯用西方的非此即彼的方式，而在中国的文化中，中国的哲学强调的是一种辩证的思维，互依互根，不是纯而又纯，而是相互包含，还会相互转化。这是一个动态的辩证思维，不是静态的非此即彼的思维方式。如果我们不能够理解、把握中国文化中的辩证思维，我们的中医就失去了灵魂。

生命是运动的，它时时刻刻在变动。有中医知识的人都知道，一个人早晨有早晨的状态，中午有中午的状态，晚上有晚上的状态。一天中人的状态都不一样，何况一年四季，何况少年、中年、老年。所以生命是一个活体。怎样来维护生命？要在动态中来维护，不是把它当成一个千古不变的、一生不变的个体去对待。身体状态有变化，精神状态也有变化。辩证思维是中国文化的一个核心思维方式，强调动态平衡，即这种平衡只是在相对条件下的平衡，时空变化，这个平衡也就变化了。如果失去了这样一种思维方式，我想中医就将不"中"了，就达不到"中和"的状态了。中国人非常强调的还有一个"时"字，它包含了"时"和"空"两个概念。如果我们失去了这样一些灵魂的东西，那么中医就将不是真正的中医了。

有一个表现这个转变过程的最好的标志，就是中国人最喜欢的太极图。太极图最形象地表现了阴阳相互转变的状态。阴阳鱼是在一个整圆里面，阴里面有阳，阳里面有阴，不断地转动和变化。它最形象地表现了中国特有的辩证思维，又表现了整体关联。

五、 中国文化与世界问题

中国的文化归纳起来无非就是这样几点，其中一点是强调整体关联。任何一个事物都不是孤立的，而且在部分里面包含了它的整体。这一点在儒家、道家、佛教思想里面都有。儒家强调万物一体，道家强调道通为一，佛家强调一多相即，都是这样的。这个整体里面的每一部分都包含了整体的全部信息，这就是后来我们科学上说的全息论。这里讲的是抽象的道理，《西游记》把这个道理形象化了。孙悟空跟好多人打架，打不过来怎么办？从身上拔一撮毛，吹一口气就变成一群孙悟空。中医有手诊、耳针、足疗，都用了这个原理——部分里面有整体的信息。我认为，中医、中药的振兴跟中国文化的振兴密不可分。我曾在很多中医学术讨论会上恳请，我说中国文化要真正复兴，就要靠我们中医界把中医文化、中医的具体运用给呈现出来。可是很多中医界的朋友跟我说，中医界的振兴有赖于中国文化的复兴。于是就成了两者互相依赖，说得不好听就是推卸责任，所以还是让我们共同努力吧！

我们努力弘扬中国文化，希望对你们中医有推动作用；你们努力弘扬中医文化，也让人们更深入地领会中国文化的精彩之处。中医是有效用的，身体不舒服了，经过治疗好了。中医让我们恢复了平衡，恢复平衡就恢复了健康。中国文化里面处处讲中庸，什么叫中庸？不是投机，不是取巧，就是用"中"，把握分寸，不要太过也不要不及。达到平衡就会健康，身体健康，社会也健康，天、地、人都健康；失去了这个平衡，失去了这个"中"，失去了这个"和"，身体不健康，社会也不健康，天、地、人也不能和谐相处。

人们不能掌握中庸的精神，不能把中庸的精神贯彻到现实的生活中、社会中，处理天人关系中，因此造成了很多灾难：身体的灾难、家庭的灾难、社会的灾难、天地的灾难。其实我们对于自然灾害不需要大惊小怪，自然灾害在某种程度上就是在调整自然界的自我平衡。这一点在《左传》里面就有相关论述。自然灾害就是因为自然界失去了平衡，所以它要调整，自我调整。社会问题也是这样，两极分化、贫富差异等问题严重了，这个社会就要变动了，就要调整。人体自身也是如此。

如果通过中医养生治病的理念，通过生生之学，我们大家身心都能够保持健康的话，人们对于中国文化的魅力就有了切身的体会。可是我们现在对于中医理论的理解，恐怕还不如一些西方人士。我们还拘泥于以药治病，或者用各种各样的手段，例如刚才讲到的通过针灸、砭石、推拿、按摩等进行非药物治疗。我们根本的指导理念是什么？是向内的原则，强调人的主体性、能动性的原则，鼓励人们或者得了病的人树立起一种信念。我们不要小看它，现在包括西方很多心理学家，都越来越能看到信仰的力量、信念的力量，这些方面在中国文化中早就有了。

现在，我们大力地去治理环境，治理什么环境？外在的环境还是我们的心灵环境？我们说某地环境治理好了，但我们心灵环境没有治理好，心灵还在被破坏。外在治理永远赶不上心理破坏的速度。

我曾经说过，我是北京水资源匮乏的见证人。为什么这样说？我1955年考上北大，当时我们的学校已经搬到现在的西郊，当时海淀水资源丰富得不得了，那里有万泉庄，到处都是泉水。整个北京的西北部都是水作物的产地，水稻、藕、茭白、荸荠都是水生的，我也去过很多地方采藕。现在呢？一无所有了。保持了几百年、上千年，甚至可以说上亿年的自然环境，我们三十多年就把它给破坏了。那么，我们治理三十年能治理回来吗？治理不回来。所以治环境首先要治人，治人首先要治心。儒家讲的道理就是反求诸己、反躬自问。人跟生存环境发生了不和谐，问谁？问人。你跟别人发生了冲突，问谁？问自己。你自己的身心发生了矛盾，问谁？问心。不要说我的身体就要吃，就有这个吃的欲望，吃出病来了你怪谁？我们会怪嘴巴太贪了，其实不是嘴巴贪，是心贪。

我们要了解中国文化跟西方文化的不同，怎么来理解？他们发生了什么问题一张嘴就说"我的上帝"，中国人发生什么事情一开口就是"天地良心"，尤其是"良心"。我看过一本书，是一个美国医生写的，叫作《治心免病法》。治什么心？就是治你那颗没有按照"上帝"的意志去做的心。你要免病，就要让你的心跟"上帝"合二为一。你一切都听从"上帝"的旨意去做，各种各样的病就会没有了。这个道理也对。我们很多人就是因为心里面有问题，所以各种各样的病都来了，包括道德的问题、衣食住行的问题、精神的问题。我做的节目很多人也看过了，叫《三理养生》。三理无非就是饮食、男女、作息，这些表面上看好像是肉体上的东西，但是如果你过分追求这些东西，那就还是心的问题。过去人们认为释迦牟尼是大医王，释迦牟尼治心，治贪、嗔、痴三心。因为我们有了贪、嗔、痴三颗心，所以就有了各种各样的问题、痛苦、烦恼。把你的心治好了，把你的痛苦、烦恼解除了，这不是治病吗？所以近代有一位大医，他就反复地说佛典、四书五经、老庄都是治心病的良药，以情治情，心情的病不是用草木、药石能够治愈的。从这个方面说，我们医的理念或者治病的理念也就大大扩展了，这真正落实到了治人的根本，因为人不仅是一个物质的人，更重要的是一个精神的人。生病不仅仅是一个物质（身）的问题，更是一个精神（心）的问题，精神的力量起着支配、统帅、指导作用。从这个角度来讲，我可以不谦虚地说，我也是一位大医。现在人们的心理病，更需要有人去开导。很多病不是药物所能治的，药石不能治所有的病，其他的医疗技术手段也是如此，只有解开病人的心结才能够治好这些病。所以我想，现在的学科分类其实禁锢了我们的思想。要把中医的精神恢复起来，首先要把它放到整个中国文化里面去，把它看成中国文化里面最光辉的一门学科。

中国的整个文化是围绕着人的。人在天地万物之中，我们研究天地的问题，其实最终都是为了落实到人，所以人是天地万物中最为贵的。因此人的生命也是最贵重的，叫贵生。要贵生就要懂得摄生、养生、卫生的道理。这不仅仅是物质、身体方面的平衡、调整，还包括精神层面的充实、调整。所以治病时要把一个人作为一个全面的、整体的人来看，不要只着眼于生理上的病。

现在西方兴起的自然疗法，曾经提出了七条自然医学的哲学原则。这七条跟中医是完全相通的。这七条原则，一是"无害原则"；二是"自然愈合的效率"；三是"寻找病因，并予以治疗"；四是"整体化的治疗原则"，特别强调把每个患者作为一个整体来看待，他是由躯体、精神、情志和其他种种元素构成的综合体；五是"医生是教师"，我认为非常重要，是说将来的医生不是开药的，而是指导人们健康生活的教师，教人们采取健康的态度，注重自己的饮食，为自己的健康承担责任；六是"预防是最好的治疗"；七是"要建立起健康的良好状态"，什么叫作健康的良好状态？就是拥有理想的躯体、理想的精神、理想的情绪和理想的心智。

心智的成熟和一个人的健康有非常密切的关系。有很多人活到老心智也没有成熟，因为他老是害怕面对这个、害怕面对那个。一个人只有既能够面对快乐也能够面对痛苦，既能够面对顺利也能够面对坎坷，就是不管什么状态他都能够面对，而不是回避和逃避，这才是心智成熟。只有这样能够面对各种不同的状态，其身体才是健康的。你怕这个又怕那个，怵惕存于心中，就一定会有病了。所以西方自然疗法的几个原则，我觉得跟中医是完全一样的。因此，不要怕中医的这些理念、中国文化的这些理念别人听不懂，我们不需要去迎合别人，用别人的道理去解释，那就不是我们的东西了。所以一方面要接受外来的东西，一方面还要守住我们的本分，守住中国文化本来应该具有的精神和意义。所以我说，中医是一种生生之学，是一种整体文化的实践，而不是一种某个专业的技能的东西。立足于这一点，中医才有复兴和发扬光大的可能。

（原载于《中医药文化》2014年第3期；整理者：李海英）

下篇

增强中华文化主体意识

中西文化的关键性差别

一、西方文化是理想主义的绝对观念，中国文化则是现实主义的中庸思想

二战期间，有一位美国的军事学家到我国的驻美大使馆访问，问武官在军校里读些什么书，读不读《孙子兵法》。

我们的武官说：《孙子兵法》确实是非常重要的经典，但是已经不太适用于现代战争，我们需要学习西方理论。

谁知这位美国人说："你们把《孙子兵法》读懂了，我们这些著作都可以不读。"

于是他分析了西方兵圣克劳塞维茨的《战争论》和《孙子兵法》的差异，指出，克劳塞维茨的军事思想是理想主义的绝对论，是要把敌人彻底消灭掉；而《孙子兵法》则是现实主义的中庸之道，在现实中可以有各种变通的方法，可以"不战而屈人之兵"。

我认为，这个对比不仅是军事思想的对比，也是整个中国文化与西方文化的对比：西方文化是理想主义的绝对观念，中国文化则是现实主义的中庸思想。

西方文化的传统，不论是哲学，还是近代兴起的实证科学，都是面对千差万别、不断变动的现象世界，追求背后的本质或本原，追求现实之外的永恒、普遍、统一的真理。这是一种二元分离乃至对立的取向，本质与现象、本原与现实因为对立而无法统一。

在现实生活中，这种取向会转变成对标准的追求，认为只有建立一个可定义、普适化、可操作的标准，才能把握事物的本质。用标准来规范个体，常常会导致个体差异被抹平。

如果认为康德的纯粹理性才是哲学，并以此为标准来看，中国没有严

密的逻辑推理体系，没有脱离形而下的纯理性思索，所以，中国也就没有哲学。但是，哲学并不就等于形而上学。中国文化的传统从不把现象与本质、形而上与形而下割裂开。

《周易》讲的是"形而上者谓之道，形而下者谓之器"。"道"与"器"虽然在名义上可以分开，但在现实中是无法分开的。"道"不离"器"，"器"不离"道"。这个特点也可以用宋明理学的范畴来说明。

宋明理学有丰富的逻辑分析，理学家在形而上层面有了进一步的发展，但"理"和"气"同样是不可分离的。朱熹就认为，"理，形而上者；气，形而下者"，"天下未有无理之气，亦未有无气之理"。在做理论分析时必须区别"理"和"气"，但在现实世界中，"理"和"气"是融为一体的。

《论语》记载了这样一个故事，子游说子夏的学生在洒扫、应对、进退等日常举止上是可以的，但这些都是枝节，根本的道理却没有传授。子夏听说以后，大不以为然：不从人伦日用入手，怎么能认识天道性命呢？

理学家对子夏的话非常推崇，认为"圣人之道，更无精粗，从洒扫应对与精义入神，贯通只一理"，又说"凡物有本末，不可分本末为两段事，洒扫应对是其然，必有所以然"。

真正的道理无所不在，道就在人伦日用中，不是离开现实另外有个道。百姓日用而不知的就是常道，要重在从人伦日用中去体悟，这就很好地贯通了道与器。形而上与形而下，是贯通的还是分离的，这是中西哲学乃至中西文化的一个关键性差别。

二、中国文化缺乏逻辑吗？

有人说中国文化缺乏逻辑，就算有也就是先秦名家有一点。这就让人感到奇怪了，逻辑和语言是联系在一起的，没有逻辑怎么说话？中国人有自己的逻辑，有自己说话的一套规则。汉语是语境逻辑，是在一定语境次序中决定这个词的词性和含义，而不是脱离了语境去抽象地分析某个词，也不是脱离了语境，形式化地由大小前提得出结论。

如果认为逻辑就是亚里士多德的三段论，那么就会觉得中国没有逻辑。可是，中国人几千年来说话都是颠三倒四的吗？中国有中国自己的逻辑，只是我们没有挖掘出来，或者说，西方人没有认识到。

停留在概念、思维的逻辑分析与纯理性，在中国文化里确实没有发展。但中国文化的实践性，不正是中国文化的特色吗？中国哲学有自己的价值观念和思维方式，为什么要用西方哲学的标准否定中国自己的哲学呢？

这就涉及思维方式的问题。举一个例子：《道德经》中的"道"，很多人在分析"道"到底是精神实体还是物质实体。这已经是西方的思维方式了，要去思索一个独立于万物之外的本原。

如果我们不纠缠于某些具体的用语，从整体上来理解老子的意思，"道"在哪里？不是独立于万物之外有个"道"，"道"就在万物之中，离开了万物就没有"道"。"天得一以清，地得一以宁"，天从"道"得到清的特性，地从"道"得到宁的特性，"道"在不同的事物上表现为不同的特性。老子最推崇水，"上善若水"，观水可以悟"道"。水是无形的，但又可以随物赋形。如果撇开这些而研究"道"是一个精神实体还是物质实体，就完全偏离了老子最核心的思想。

再如，有一段时期，人们常纠结于心与物哪个是第一性的，谁决定谁。这其实就是西方思维方式：先认为二者是分离的，再去追求统一的本原。中国哲学重点探讨的不是哪个是第一性的问题，而是二者之间的关系问题，心与物在一起会有什么反应的问题。

王阳明主张"心外无物，心外无理"，过去我们认为这是主观唯心主义，以为他的意思是心产生了物，其实并非如此。

《传习录》记载，有一次，王阳明在外游玩，朋友指着一棵开花的树问："它在心内还是心外？"王阳明回答道："你未看此花时，此花与汝心同归于寂；你来看此花时，则此花颜色一时明白起来。"

这里的"寂"是指不彰显，但花是存在的。不是说心产生了花，而是说心赋予了花以价值，心与花之间是相互感应的关系。儒家讲天人感应，佛教讲心缘境由、境由心显，都是要揭示心与事物之间的关系与意义。

三、我们不能削足适履，而要量体裁衣，真正理解中国文化本身的价值观念和思维方式

近代以来，由于实证科学的影响，我们已经习惯于标准化的思维方式。不同的文化都是人类共同创造的，正因为有类型上的差异，文化的互补才

有可能。我们当然也要学习西方文化的优点，但前提是要有文化主体性。

以西方哲学为标准解读中国哲学，就不可能了解中国哲学自身的特性，结果往往是在解构中国文化。我们不能削足适履，而要量体裁衣。只有转变思维方式，摘掉有色眼镜，才能理解中国文化本身的价值观念和思维方式，发现中国文化对解决当前人生、社会问题的价值和意义，也才能更好地选择性地吸收西方哲学的精华。

（原载于《北京日报》2020年5月11日）

人文精神与文化自信

我们的传统文化被全面否定有很多历史原因，其中一个比较大的因素是西方文化传入以后，我们分不清传统文化呈现样式和近代文化呈现样式的不同，在国力屡弱的情形下，一律都以西方文化的模板作为标准，导致中国传统文化的主体性丧失殆尽。我们可以向各个文化学习，但是如果我们的文化主体性丢失了，就只能永远跟在别人后面。

一、"打倒孔家店"：中国文化自信的丢失

中国文化自信的丢失可以追溯到100多年以前。近代鸦片战争以后，国家危亡，我们向西方的坚船利炮学习，发展现代工业生产，"师夷长技以制夷"，开始洋务运动。洋务运动搞了30年，制造出了很多的坚船利炮，甚至建立起了一支强大的北洋水师。但是谁也没料到，1894年一场中日甲午战争把北洋水师打得稀里哗啦，宣告了洋务运动彻底失败。这时候人们就开始反思，觉得理念上面有问题，实践中也有问题。理念上"中学为体，西学为用"有问题。当时有人就写文章讲，牛有牛的体，也就有牛的用——扛重物；马有马的体，也就有马的用——跑的速度快。所以不能要求牛体有马用，马体有牛用。我们今天既然学习西方的用，也必须学习西方的体。虽然这个比喻不伦不类，牛、马这两种具体的动物跟整个社会不能那么简单等同，但是这个说法很有说服力，大家一听就明白。西方的体就是政治制度，它保证了社会效率充分发挥。具体例子也有，我们搞洋务运动的时候，日本在搞明治维新，它改革成功了，它的力量就比我们强大了。

从西方学习经验，早期的政治制度改革是建立君主立宪制，不废除君主制度，但是把政权移交到议员手里，早期荷兰、英国都采用这样的改革，

成功了。我们也尝试走君主立宪的道路，所以就有了1898年的戊戌变法。但是因为中国的国情跟欧洲的荷兰、英国不同，跟日本也不同（日本在明治维新改革之前天皇就是个摆设，所以君主立宪的改革比较顺利），中国皇权不是架空的，所以戊戌变法失败了，这条路在中国走不通。

欧洲走向现代的过程中，还有法国的大革命，那是彻底的民主革命，把君主制度彻底推翻。我们是不是也试试走这条路？于是就酝酿出后来的辛亥革命。辛亥革命以后又经过四年，1915年我们开展了新文化运动，开始对我们的传统文化进行彻底的清算。

归根到底，维持我们这个社会的政治制度、伦理关系的核心文化思想是什么呢？就是儒家文化。儒家里的宗法血缘关系就是家的关系，家上面是族，宗族代代相传，家代代相传。我们当时的政治制度——君主专制制度就是家的制度，一代一代相传。一个国的政权也就像一个家一样，家国不分，新文化运动批判这样的观点，彻底"打倒孔家店"，彻底破除中华血缘观念。

全面否定我们的文化有很多原因，其中比较大的原因就是西方文化传入以后，我们分不清传统文化呈现样式和近代文化呈现样式的不同。传统文化，不光中国传统文化，西方传统文化也是一样，呈现出一种整体性，综合地呈现，不分科。近代文化是分科呈现的，这也是科学（science）的最初含义，就是分科学问的意思。现在很多人张嘴就说科学，可是每个人脑海中的科学的概念是不一样的。

古代文化是综合性的，我们看古希腊罗马文化，哪有哲学、宗教、艺术等门类，都是笼统在一起、混在一起讲的。我们古代也是这样，没有把哲学、宗教、艺术、伦理等分成各个不同的学科。还有一个问题：分科以后，总要找标准、模板，这个学科要有一个样子作为参考，我们都是拿什么样的模板作为标准呢？几乎一律都是西方的模板。

比如讲到宗教，最典型的是基督教。基督教的要素，第一是有对造物主的崇拜。基督教认为，我们的现实世界之上有一个神的世界，神的世界里又有一个唯一的、至高无上的神——"上帝"，现实世界的一切都是"上帝"创造的，人类也是"上帝"创造的。这是基督教的第一要义，是最核心的理念——神造世界。

第二个要素，人是有原罪的，天生带了罪恶。所以人类到这个世界上要消除罪恶，然后得到"上帝"的拯救，灵魂得救。"上帝"不仅是造物主，还是救世主，只有得到拯救以后，人的灵魂才能升入天堂，否则就要打入地狱。

第三个要素，基督教是未来彼岸的世界，不是现实世界。现实世界是充满了罪恶的，只要灵魂得到拯救，就能到彼岸世界去。

人们就用这三个特点来界定宗教文化，拿这三个要点来检查中国传统文化。中国文化里没有主张现实世界外的另一个世界，另外一个世界里的神来创造我们的世界，没有这样的理念。中国文化强调做自己，不断提升自己，不是靠别人，不是去追求彼岸世界。

很多人根据这样一些结论，就认为中国传统文化里没有宗教文化、中国人没有宗教信仰。这一观点在20世纪初是很普遍的，包括很多学者都是这么认为的。这种影响一直延续到今天，原因就是刚才我讲的，用一种宗教文化的样式作为一个标准来判断中国有没有宗教文化。我们从来不去考虑在不同的文化传统中宗教这种文化是可以具有不同特色和样式的，而是一切都以西方文化作为标准。

所以同样的道理，中国有没有哲学？没有。为什么？因为也是用当时人们接受的西方哲学学科标准而认定哲学文化应该具有的特征。在西方哲学学科里面，可以专门抽象地讨论一个概念，进行推理，进行逻辑的辨析，不涉及生活中的具体问题。而中国文化不是这样的，探讨最高的真理、最高的道理，也要跟现实生活紧密联系在一起。按照西方哲学学科的特点来衡量，中国文化也是没有哲学的。

艺术有没有？西方的画注重逼真、写实，认为这才是艺术品。中国历史上的绘画强调写意，我们要看这幅画所表达的理念是什么，给人什么样的启发、联想，让人们从这幅画里体会到大自然的庄严、伟大。宋代学者欧阳修明确讲"古画画意不画形"，如果按照西方写实的艺术特征来要求中国绘画，我们就没有艺术。

有学者提出，我们中国人要真正地走向现代化，必须全盘西化。这个理念在当时被非常明确、公开地提出来。当然，在整个近代历史中，也有很多社会精英提出来，我们要保持中国文化的传统，我们必须要维护本位文化，我们必须要树立起文化的自信。这个呼声没有中断过。

但是在现实中全盘西化的理念一直占主导。我们的文化变成了西方文化的附庸，我们要讲中国传统文化必须借用西方文化的话语来加以解释，否则人们听不懂。话语权丢失这个问题很严重。

以西方的文化样式作为标准，把西方文化的各种各样的理念引进来，用这些理念来讲解中国传统文化、分析中国传统文化，结果把中国文化的内涵都解构掉了。把中国文化的核心理念解构掉了，传统文化就慢慢消失了。

我举一个最简单的例子，现在到中医院看病，特别是大的中医院，它怎么认识和分析你的病呢？靠仪器。哪还有传统中医里的望闻问切？哪还有中国传统医学里的阴阳虚实、内外辨证思考？中医是中国文化核心的实践者，不仅实践哲学观点，而且也实践科学观点，中医就在具体实践这样的理念。现在西方科学家也看到了中华文化的魅力，像阴阳五行，阴阳的相辅相成、对立又互补，以及五行的相生相克，可以说揭示了整个世界的奥秘。哪个事物不是由正反两面构成的？有前后、上下、左右、内外，这样才构成一个事物。

中国文化讲"和"，孤立的不可能叫"和"。事物如果不是外在原因决定的，就需要内部自我调整、自我圆满。怎么自我调节、自我完美呢？必须要有相互的关系。相互关系里最基本的是：互相帮助就是"生"，互相制约就是"克"。既有推动，又有制约——你生我，我生他，他生你；你克我，我克他，他克你——这样才能够完成自我运作。我们相信事物都是自生自灭的，外力可以辅助一下，也可以激发一下，但根本的是内在力量。不是外面有只手一会儿安排这个、一会儿安排那个，而是事物走着走着就走到这个位置了，这个位置就有新的东西产生了，就和了，就有新东西产生。阴阳五行揭示整个宇宙的生存发展的规律。

可是我们现在很多人脑子里的阴阳五行是非常落后的，甚至是迷信的。这还怎么有话语权，怎么有文化自信呢？没有。

所以西方文化进来以后，对我们的传统文化产生了极大的冲击，冲击的一个表现就是我们自己否定我们的传统文化，说"礼教吃人"。正面的否定相对比较容易纠正，可以对阴阳五行重新认识，重新来看。麻烦的是西方的理念、理论重新构建了中国文化，让中国文化原本很多精神的东西丢失了。此就是此，彼就是彼；此有此的定义，彼有彼的定义，我们现在基本是这样的思路占主导。

其实彼和此是分不开的，没有此哪来彼，离开彼此也不能存在。此里包含彼的东西，彼里包含此的东西；此中有彼，彼中有此。而且根据条件的变化，此会变成彼的，彼也会变成此的。可能很好的一个人最后变坏了，一个很坏的人最后变好了。不能说坏人永远坏、好人永远好，好人也可以变成坏人。坏人如果得到帮助，自己努力，也会转变成好人。中国文化充满了辩证思维，可能我们觉得这是比较陈旧的，我们现在讲辩证法也是认为科学的辩证法才是对的，很多人运用科学辩证法变成了变戏法。"爱而知其恶，憎而知其善"，爱某个事物要知道里面有不好的东西，憎恨某个事物要知道里面还有善的东西。要传承优秀的传统文化，要取其精华、去其糟粕。笼统地讲这句话是对的，但什么是精华、什么是糟粕，有个绝对的标准吗？很难建立这个评估标准，精华、糟粕都跟它所处的时代环境脱不开关系。在这个环境里是最优秀的精华，不见得到那个环境还是优秀的。这是必须要看到的，所谓精华和糟粕跟时代环境有关系，不能脱离时代环境。

我们不仅不能脱离实际讲怎么运用优良的传统、怎么运用精华和糟粕，而且一个人如果很有智慧、很有技巧，那腐朽的东西也可以变成精华，若这人是拙劣的，那很多精华的东西到他手里就会变成是糟粕——还得看使用的人。善于运用的人手中没有垃圾，他能变废为宝，化腐朽为神奇。

一根朽木到了一个工匠手里可能变成一件非常精美的艺术品，我们现在的观点是我们过去的很多东西都是糟粕，但即使是糟粕，我们也可以从糟粕里发现很多精彩的东西。不要把精华、糟粕绝对地隔离开来，只能吸取精华，而不能接受糟粕。其实精华、糟粕是分不开的，精华到蠢材手里也会变成不好的东西，所以认识要从思维的方式上改变。文化是在不同的人类生存环境中形成的，有不同的特色，所以一定要认同文化的多元性、多样性，这才是一个真正好的状态，不能全世界的文化都一样。

20世纪80年代的时候出现文化热，是因为当时出现了世界经济地球村的现象，世界一体，经济一体。这样的发展好不好，是否可能最后形成一个世界经济完全一体化的局面？当时就有人思考这个问题。但同时，随着经济全球化出现的文化趋同,对不同地区、不同国家的文化产生强烈的冲击,出现了许多传统文化丢失的问题。当时出现了文化讨论热,其中比较突出的观点就是经济可以全球化,文化应该保持自己的个性。因为文化就是在各自不同特色的基础上相互取长补短,才能推进文化一步一步往前走。如果都一样、都趋同了,还有什么可以相互补充的?没有了。文化就失去了发展的动力。

所以当时出现了一种非常重要的观念,认为在文化上越是民族的越具有世界性。可是随着经济全球化浪潮的兴起,文化越来越趋同,自我的文化主体意识越来越薄弱。

改革开放以后,我们很多企业创造了具有自己民族特色的文化产品,企业家提出"重铸国魂"。但是我们加入了WTO以后,这些自主品牌慢慢消失了,很多自主品牌变成了外国品牌的"打工仔"。出现这样的现象也就意味着我们民族文化的主体意识在丢失。丢失了文化自信,丢失了文化主体意识,我们只可能追在别人后面,绝对不可能成为世界一流。

二、大道不器:不能丢失中国文化的主体意识

中国文化自古以来就是开放、包容的,这种开放、包容有一个前提,就是在不丢失文化主体意识的前提下,我们可以吸收外围各种各样的文化来充实自己、发展自己。一旦丢失了主体,就会被外来的文化吞没。国家有国家的特色,地方有地方的特色。中国这么大的国土里面,地方各具特色,也是一样的道理,跟一个国家在世界上是同一个道理。经过了几十年,地方的文化特色消失了,千城一面,到处都是西式的建筑,到哪看都一样。文化特色消失的原因就是缺乏我们自己的文化,我们可以借鉴,可以吸收别人文化的长处,但是必须要坚守主体。

(一) 文化·文明·人文

文化、文明、人文,这三个概念不止有一种意义:有参考的意义,也有现实的意义;有中国特色的意义,也有世界共同的意义。我们先从中国文化梳理一下。

文明是我们的核心价值观念。有礼貌就叫文明?礼貌当然是文明,没

有礼貌就是不文明。但是如果把文明仅仅看成礼貌，那这文明太简单、太肤浅了。文明标志着人类进化，是人类跟动物区别开来的一个标志。野蛮是赤裸裸的。"文"是纹饰、装饰、纹理、纹路，每棵树都有它的纹理。文明这个含义，以"文"显示出来，通过装饰显示出来；没有装饰，赤裸裸呈现出来的就是野蛮。

我们简单讲，动物赤裸裸地出来，我要说明我是人，我不是动物，那我们就穿一件衣服出来。文明发展，衣服也慢慢发展、演化。热了、冷了、下雨了，人要住在房子里面，通过装饰来显示自己跟动物的赤裸裸是不一样的。但是"纹"并不仅仅是简单外在的，更有内在的含义。人跟人之间不能随随便便，人首先要尊重别人，心中要有敬畏心。要看到我自己是什么样的，面对的是什么样的生活，面对父母应该怎么对待他们、怎么尊敬他们，面对老师应该怎么办，面对兄长、姐姐、弟弟、妹妹又应该怎么尊重他们。这些东西归结到一点就是"敬"，尊敬的敬，人要懂得相互尊敬。人这样来显示自己具有人类的文明。

从某种意义上讲，文明的进步就是人越来越自觉地把自己跟动物区别开来，不仅要讲外在的装饰，更要讲内里的修为。人要懂得感恩、报恩。我们一切教育就围绕这些来展开：报恩、感恩、敬畏。为什么说中国文化是礼仪之邦的文化？礼就是内在的修为，中国人有内在的修为，也有外在的仪式，所以人们才称我们中华是礼仪之邦。

古代思想家荀子认为，人的根本特点就是能够分辨什么该做、什么不该做。如果没有分辨能力，不懂得什么该做、什么不该做，想做就做，那就不是人了。

（二）中国的宗教——明则有礼乐，幽则有鬼神

我们有两千多年的社会治理传统。《礼记》讲："明则有礼乐，幽则有鬼神。"日常生活中有礼乐约束我们的行为，看不见的地方有鬼神来管我们。我们的心中始终有对鬼神的敬仰。"举头三尺有神明"，"人在做，天在看"，不能做对不起天的事儿，不能做对不起祖宗的事儿，也不能做对不起后代的事儿。

拿"神"这个概念来讲，它不仅是装神弄鬼的神，虽然有这方面的含

义，但是"神"更重要的含义是指天地万物的变化、生存。"不见其事，而见其功"，这就是神。很多变化我们是无法完全看清楚的。比如说一个人的德行，天时、地利、人和都朝着好的方面靠才能够成功。如果德行不好，首先人际关系不好，人际关系不好也就失去了天时、地利，就什么也做不成。

中国文化讲神道，这个神道是什么神道？天是神道。天之神道是什么神道？就是一年四季不会有错，去年、今年、明年都是春夏秋冬，春夏秋冬有序，这就是天之神道，天的变化规律。《中庸》讲："诚者，天之道也；诚之者，人之道也。"天人合一，做人的第一要义是要诚。中国文化是将天地万物作为我们学习的榜样，我们一切的德行都是跟天地学来的，天地告诉我们要诚实，这样才能够"不见其事，而见其功"，这就是中国文化"神"的概念。

老百姓经常会把自然现象具象化、形象化：有"雷公"打雷，有"风婆"刮风，有"雨神"下雨，有"电母"在造闪电。但它们不是造物主，而是自然现象，自然现象的变化就是"神"。自然现象有规律的话就使万物得以生存，我们必须尊重天地自然变化的规律，这就是敬神，也就是敬天。中国文化中"神"就是这样的含义。

什么叫鬼？人死为鬼，鬼就是死去的人。"鬼者，归也"，所以鬼就是指死去的人。我们要在心中永远记住我们逝去的祖先、圣贤，要做对得起他们的事，向他们学习。因此，鬼从某种意义上讲就是我们心中学习的榜样，是我们的祖先、我们的圣贤。就像今天要祭祖，我心中有鬼，要敬畏心中的鬼，敬畏心中死去的先人、圣贤。《论语》讲："祭如在，祭神如神在。"中国讲的心中有鬼是指心中有天地、有祖宗。我们到很多地方去看，人们家里面供着的牌子是天地，天、地、君、亲、师，先祖不能忘，君师也不能忘，为什么？因为通过君师的教导，我们才懂得做人的道理。天地是神，君师就是鬼。鬼神来管束我们，我们不能忘本，我们不能不懂得感恩。

所以怎么能说中国没有宗教呢？西方的宗教也是这三样：不能忘本、感恩、敬畏。西方人一张嘴说"my God"，中国人一张嘴是"老天爷"，两者的信仰的内涵其实是一样的。

康有为领导戊戌变法失败以后,从欧洲游历回来特别有感触,中国人的宗教信仰太多元了,很多种类都可以包容。但是这样也产生一个问题:相对来讲,你说你有理,我说我有理。中国一旦像欧洲那样建立起比较统一的宗教,对中国传统文化来讲影响最大的、最有可能成为宗教信仰的就是孔教,我们很可能以孔教为国教。我们的孔教跟西方的基督教完全不同,基督教一切围绕神展开,中国孔教围绕人展开,强调人的自觉、自律。

宗教文化不应该是统一模式、统一水准的,它可以围绕人来展开,也可以围绕神来展开,不应该相互排斥。这个问题在20世纪初就很令我们纠结,因为我们接受了西方基督教的模式,而且当时我们是把宗教和科学对立起来的,因为宗教否定人的理智。以前,人不能有理性思考。通过启蒙运动,人们推翻了完全宗教统一性,人可以从神的角度站起来了,人的理性也可以充分发展了。而且通过理性的发展,人创造了科学技术。在当时人们的心目中,科学跟宗教是放在一起的,提倡科学就一定要考虑宗教。

(三) 中国的礼乐文化——法使人尊,礼使人化

中国构建礼乐的文化。礼强调人的自觉,而不是强制;法通过强制手段让人必须服从。古代有的时候也用两个概念,一个是礼法,一个是刑法。礼法是人自愿遵守的,而且是一种生活中的习惯。家里有家法、家礼,孩子犯错了,就家法"伺候"。顶撞了父母就要家法"伺候",让儿女畏惧,教育儿女对父母应该孝顺。清代学者楼适夷讲:"法使人尊,礼使人化。法使人畏,礼使人听。"

礼法要求的言行举止规范,融入我们日常生活中,变成我们习惯性的行为。启蒙运动的时候,法学家把中国的礼——在日常生活中遵守的规矩称为习惯法、自然法;而我们制定的各种法规,我们就称之为人为法。人为法建立在自然法的基础上,这样的人为法才能够发挥作用。《论语》里有句话:"礼乐不兴,则刑罚不中。"不把礼乐发挥出来的话,刑罚也不能达到目的。大家都遵守做生意要诚信、童叟无欺的原则,那就不会有人告你造假、欺骗。这个道理其实很简单,这也是我们文化的力量。

刚才说了纹饰、装饰的含义。人文就是人的装饰、人显露出来的纹路。"人文"这个词最早出现在《周易》里,"人文"跟"天文"相对,"刚柔

交错，天文也"，"文明以止，人文也"。通过文明的教化，每个人都知道自己应该站在什么位置，这就是人文。人文精神也就是人的自觉，人在自觉的基础上自立。人和人的位置是不一样的，每个人在不同时间段、不同场所的位置也是不一样的。"为人子，止于孝；为人父，止于慈"，作为子女应该孝，作为父亲应该慈，要认识到自己的身份而去践行自己的身份。人的身份是不断变化的，不是固定的。当我还没有子女的时候，我作为子女应该对父母尽孝；可是当我长大了，娶妻生子了，我的身份就变了。在父母面前我是子女，在子女面前我又是父母，所以要认识到这种身份的变化，必须处理好怎样以两种身份践行自己的责任和义务。做父母的有责任对子女生而有养，养要教，不能像现在很多年轻人那样，生了孩子以后扔给老人去管，孩子成了"留守儿童"；做子女的不能把父母扔到那里自己干自己的事，让父母成为"空巢老人"。教育就是让每个人都能够明白自己在这个社会、家庭、单位里面是什么身份。如果每个社会成员都能够自觉履行这个身份应该尽的责任和义务，我们可以设想这个社会一定是有序、和谐的。

我们在这方面和西方有很大差别，因为西方强调个人的权利，中国文化强调个人的责任和义务。在中国文化中，人与人之间的内在联系非常强大，血缘观念在中国文化中是去不掉的，人和人之间有内在的血缘关系。这个观念在西方文化中不太明显，甚至没有。因为在西方文化中，每个个体都是"上帝"创造的，没有内在联系，人和人都是外在的关系。既然只是外在关系，大家就倾向于维护自己的权益。为什么西方文化中有所谓个体，而中国每个个体都是在一个群体之内？因为生命观不同而形成了两种完全不同的价值观念。

从自然现象的角度来看待，父母和子女的关系是自然而然的关系吗？中国老话讲："天地合气，万物自生。犹夫妇合气，子自生矣。"在父母和子女的关系中，子女要孝，这不是外在强迫的，是内在的血缘关系影响的。《论语义疏》讲"自然亲爱为孝"，孝是自然而然的天性，孝是天然的关系，并不是外在的产物。只要有中国人的生命观念，人就会自然而然地孝。子女一定要孝敬、感恩、回报父母。我们经常用乌鸦反哺的故事来告诉我们的孩子要懂得反哺，当我们的父母老了以后，我们就应当去照顾父母。

其实这就是中国的人文思考方式，因为如果我们不是从人的角度看待，我们就不会有这个意识。我们看到动物都懂得报恩，就体悟到人应该有感恩的心。如果你把乌鸦反哺看成跟人没有关系的东西，认为那就是动物的一种生理反应、条件反射，或者只是这种动物的习性，那就是没有从人的角度看。恰恰站在人的立场才会看什么东西都觉得有人可以学习的地方，所以我们才这么思考，看到这些才会联想到人。

所以中国文化是以人为核心的，各种学问都跟人连在一起，反思人。人要自我反思，羔羊都知道跪乳，蜘蛛都有那么丰富的智慧。中国人很多做人的道德品行都是从万物里学到的，老子有一句名言"上善若水"，是说最高的善像水一样；很多古书记载了孔子从水里学到什么样的精神、什么样的品格。

(四) 中国的管理哲学——无为而治

水一直往下流，非常谦虚，滋润着万物，没有自己固定的形象，所以君子不要以自己的标准去要求别人，"君子不器"，"大道不器"。水是最柔弱的，水滴石穿靠坚持不懈、坚韧不拔，再坚硬的东西都可以被水击穿。中国人向万物学习的精神，不是支配、改造万物，而是不断适应万物。所以我们中国人的思想是尊重自然、顺应自然，因势利导，强调自然无为，甚至无为而治。这都是非常精彩的哲学。管理者要好好学习老子的《道德经》，这是最高的管理哲学。无为而治并不是消极、无所作为，而是努力发现周边事物的自身发展规律，然后尊重势，推动发展。这其实是更高的一种作为，无为而治不是随着自己的意思想怎么样就怎么样，而恰恰是适应发展的趋势，帮助它、辅助它、推动它，使它能够更加完善。

逆势而动一定产生问题，最典型的例子就是大禹治水。当年洪水四处泛滥，大禹的父亲鲧被派去治水。怎么治水？把它堵住不就行了？虽然堵住了，水还继续往这里流，最后越堵越泛滥。所以舜就让鲧的儿子大禹来治水。大禹看水的去处，明白了水的特性是从高处往低处流，所以把低处疏通了，让水顺势往下流。顺势的情况下我们可以发挥人的主观能动性，也可以实现人的愿望。想要水往南多流一点，就可以使往南的河道更深一点。所以我们要顺应物的本性，利用物，不能违背自然。"辅万物之自然而不敢为"，辅助就说明我要帮助，帮助万物之自然。你必须掌握规律，才能因势利导。

同样，无为而治告诉我们要充分发挥每个人的主动性。比如说企业里部门的领导，他们底下有很多人分工做各种各样的事情，那领导们就应该懂得无为而治的道理，充分发挥部门内每个人的水平，并不是什么也不做，而是要掌控全局，不需要事必躬亲。

道家理念"君道无为，臣道无为"，就是指要充分发挥每个人的作用。领导人事事都要求请示、汇报的话，被领导人就不敢发挥自己的作用。我们要容忍错误，从失败的经验中总结经验、教训，将来就可以做得更好。不要因为他的失败，觉得他没有跟你商量；不要什么事都要跟你商量，只有你点头了他才可以做。

道家告诉我们，不是以强对强就可以胜利，"反者道之动，弱者道之用"。整个宇宙都出现了反，物极必反，满了那祸就快来了，祸不是无门的，祸是可以转化的。物是有两面的，什么东西搞得纯纯粹粹是不可能的。我们要保持最纯真的天性，像婴儿一样。婴儿还有更重要的特点——柔弱。一个柔弱的东西，保持着强大的生命力。柔弱的东西怎么弱都没事，刚硬的东西一折就断了。现在很多人没有认识到柔弱这样一种生命现象、这样一种品德的重要性。刚柔相济，人往往容易走到刚的方面。

现在的社会也出现这种问题——刚气太盛。阳盛阴衰，阴都变成阳了。我们需要用柔弱调剂刚强，刚柔相济，就更加协调。所以老子的思想在中国非常重要。

先秦儒、道两家的理念是很像的，从根本上是一致的。但是我们如果只看它们外在的区别就会产生矛盾，如果完全不看它们的差别，把它们看成完全一样的也不行，那就没有互相补充了。从一个角度来讲，道更强调自然，儒更强调人文。道德跟人是相对应的，这一点从庄子的书里就可以看到，庄子反反复复批判儒家，认为儒家过分强调人文了（儒家认为应当让人的天性得到充分发展）。道德的含义本来就是讲普遍规律，普遍的规律就是道，万物都要从这里走出来。德也是每个事物本来的德，所以更注重自然而然的一种状态。仁义就是自我修养，强调人为的改变。

道和儒根本上是中国文化不可分离的两个重要方面，而且这两个方面也是相互结合的。中国文化发展有一个过程，最后玄学把道家和儒家两种不同的理念很好地整合在一起。人类社会碰到的一个重要问题，其实是人都希望自由自在，少点束缚，可是社会群体又必须让每个人都遵守一定的规矩，如果不遵守规矩，你那么干、我这么干，就没有礼。社会共同遵守规矩就是礼，或者说礼的核心是每个人认清自己的身份，也就是名分。让大家能够充分发展，同时又必须遵守社会要求我们共同遵守的礼教，把人的天性要求和人在一个社会群体中应当遵守的各个规范整合在一起。孔子说70岁能够"随心所欲不逾矩"，所有的为所欲为都不能违背一定的规矩。

自由是对必然的认识，中国文化是把必然和偶然结合起来看的，特别是佛教传入中国以后。佛教理念是非常注重必然性的，所以一传进来就跟中国文化特别是道家文化有很大的冲突。道家崇尚自然，自然就是有很多的偶然性。经过很长时间的讨论，中国文化才把佛教的思想和道家的思想结合在一起。

中国佛教文化和印度佛教文化的审美观、思想不一样，也跟中国传统文化的因果关系不一样。中国传统文化里个体一定在群体里，所以不会想个体下一步是什么。中国佛教后来也借用了这样的思想教化民众，重视自己的未来，更注重自己子孙的未来。这个意识在西方是没有的，在印度也是没有的。印度文化主要关心自己的未来。我们的海外侨胞讲究回报家乡、回报父母、造福子孙后代。世界上印度的侨民绝对不比中国的侨民少，甚至可能比中国的侨民还多，但是印度侨民不会返回自己出生的地方，回报桑梓。中国文化考虑问题是从人的角度出发，我们思考问题都是想让人怎样更好地自我圆满。人类要有这样的自觉，不断地圆满、完美。

三、中国文化的核心：人圆佛即成

中国的各种文化，包括信仰都强调不断地圆满、完美自己。儒家希望成为圣人、贤人。道家要成为神仙，这个神仙并不是指永远不死，而是指在精神上保有纯真、天真的本性，然后得到逍遥自在。中国汉代的时候有个非常明确的定义："神仙者，所以保性命之真，而游求于其外者也。"意思是说人生下来本来应当有的特质，我们要把它重新找回来。

第一条，"荡意平心"。不要胡思乱想，要让心意平静。不要一天到晚追求这个、追求那个。一天到晚追求这些，追求到了还不满足，还要再追求。

第二条,"勘破生死"。生死同域,如果生是变,死就化了;如果死是变,生就化了。怕死而追求很多不是性命中本来存在的东西,结果反而促使人更快死去。

第三条,"无怵惕于心中"。心中没有惊恐、害怕,心里坦荡荡。

这就是神仙,一个人安静没有胡思乱想;一个人能够不贪生怕死;一个人能够很坦然地面对一切,君子坦荡荡,所以不怕鬼敲门。追求这样的生命状态就是自我的修行、自我的认识。

中国的佛教到了禅宗的产生,把佛教本来的意义重新阐释了出来。佛教强调自我觉悟、自我成佛。"仰止唯佛陀",高山仰止,我敬仰的就是佛陀;"完成在人格",人格圆满了,就成佛了。所以佛教信仰也是个人自我品德修养的完满,我经常讲我们学佛、拜佛并不是求佛,而是要做佛。我们从人的角度出发,一切都要靠人的主体性、自觉性,不是求着外部帮我们,而是要有自己的觉悟去解决。这就是中国文化的特点,也是中国文化的核心。中国的文化是维护人的尊严性的一种文化。通过礼乐的教化,我们懂得做人的道理,我们每个人都能自觉遵守一些做人的规矩,只有这样才能维持人的尊严。现在人工智能的发展好像比较先进,但我们没有看到,人工智能发展起来以后,人的主体性、庄严性在未来可能要丢失殆尽了。

人类原来的独立性、主体性、庄严性让神压死了。西方人悟到这一点,从中国的文化中看到以人为本才受到启发,发展启蒙运动,让人从神的角度站起来。后来通过两次世界大战,西方人发现人站起来了,人的理性充分发展而创造了很多科学技术,人能够更加掌控这个自然了,结果万物又被控制了。哪里有资源和财富人就往哪里去,你不给,我就打。人让资源财富牵着鼻子走了,人成了物的奴隶。这时候西方又想起了中国文化,高举新人本主义的大旗。世界经历过两次中国文化对世界人类的影响:一次是神的角度,一次是物的角度。我们再次面临着人类主体性、独立性、庄严性的丢失——也许我这话说得有点过早,但是我相信很快就会发生。现在人越来越没有主体性,都要按照人工智能告诉我们的去做。刚才我讲的,现在人对自己一点儿都没有信心,机器给我点出来我才相信,根本不相信自己的感觉。自己从来不反思我为什么有这样的不舒服,是不是这几天吃得有问题;这几天休息有问题,是不是我这几天情绪上有问题,而是交给机器。大数据的分析比我自己的感觉精确,人的自信心没有了。如果将来走到那一步,一定要回头想中国文化的伟大,中国文化是要保持人类的主体性、独立性、自尊性的。中国的人文精神、文化自信我们一定要坚持,我们可以向其他各种文化去学习,但是如果我们把文化主体性丢了,我们永远只会跟在别人后面;只有保持文化主体性,才能吸收其他文化的优长来充实自己。我们一定要有这样的文化自信。

(原载于《清华管理评论》2018年第7—8期)

文化要"走出去"，
首先要"走回来"

一、抓住中国文化的根本——人文精神

当今社会，运用互联网这个载体来传播中国文化，我认为是有重要意义的。中国文化历史悠久，我们常用四个词来概括：源远流长、多元包容、博大精深、丰富多彩。的确，中国文化有这样丰富的内容，是一种中国的底蕴。所以，在通过互联网传播中国文化时，我们要抓住中国文化最根本的精神，即人文精神。

人文化成，化成什么？化成天下。传播中国文化是为了让整个社会能够受到人文精神的浸入。最早的人文概念是跟天文概念相对应的，出处是《周易》的《贲卦·彖传》："刚柔交错，天文也。文明以止，人文也。观乎天文，以察时变。观乎人文，以化成天下。"人文与天文相对应，天文是怎样的状态？是刚柔交错的。

通过阴阳、刚柔的变化，我们可以看到一年四季的变化。通过春夏秋冬，我们可以观察人文。人文是什么？人文是"文明以止"，也就是人文的教育。以文来止、以文来化，是与以武来止、以武来化相对应的。做人要懂得"止"，是什么身份就止于何处，就应该尽什么责任和义务。《大学》告诉我们要"知止"，是要我们明确自己的各种各样的身份，然后按照这一身份来做应该做的事情，尽应该尽的责任和义务。比如"为人子，止于孝；为人父，止于慈"，这就叫作"止"。

文明以止，就是用文的方法，不是用粗暴、野蛮的方法。"文"跟"止"相对应，文质彬彬然后居于止。过去礼乐教化让每个人懂得自己的身份、认同自己的身份，按照身份做该做的事情、尽该尽的职责，这关乎人文。世界的"文明以止"不是用武力强迫人们这样做、那样做，而是用礼乐教化使整个社会、人类发生变化，这就是人文。所以，人文精神是以礼

乐教化来使社会形成一个非常有序、和谐的环境。

二、 社会教育在互联网时代成为重中之重

《礼记》云："建国君民，教学为先。"过去为什么讲教育？建立国家，管理、教化民众，需要通过教育让整个社会形成良好的习俗、风气。

过去，我们通过家庭、学校进行教育，从家庭到私塾，再到书院，除此之外，还有很大的一块是社会教育。社会教育是指社会中各种各样的文化活动。大部分百姓通过什么接受教育？其实，没上过学也没识过字的百姓也在接受社会教育，叫高台教化。"高台"就是演戏、说书。有关做人的道理、做事的规矩，百姓是通过高台教化习得的，通过看戏、听书明白做什么事情都会有因果报应，所以要积善。

过去，社会信息比较闭塞，信息传播需经过比较漫长的时间，所以家庭教育占有重要的位置，而基础教育即私塾教育也占了很大位置。但现在时代不同了，很大程度上，社会教育成为整个教育的最大载体，也是最有影响力的载体，尤其是有了互联网以后。

三、 以人为本的时代内涵：自我管理，自然而为

互联网的发展给社会教育提出一个非常大的问题：我们以什么来教育民众？传统文化是一种人文精神，那人文精神的基础是什么？具体地讲，礼乐教化要建立在什么基础之上？建立在重视人的主体性、能动性和主动性之上。中国文化反复强调"天地万物人为贵"，这就是说，人在万物之中是最具有主动性、能动性的，也是最贵重、最重要的。

人可以与天地相并列。天地造万物，但人被造出来以后，能动性可以与天地相并列。所以我们总说："天有其时生万物，地有其财养万物，人有其治来参与万物变化。"人能参与到天地万物中去，所以人是什么？"人者，天地之心也。"这就是人生在这个社会中，要为天地立心的原因。人心一动、一变，会影响到天地万物的变化。人在天地万物中有这么大的作用，所以人要管住自己。

中国以人为本，这个"以人为本"不是让人肆意地主宰万物，而是人

怎样更好地管住自己，让天地万物能够按照自身的发展规律发生和发展，不要人为地干预。所以，中国文化的"以人为本"思想，讲的不是逞人之能，而是要能够自我管理、管住自己。

《心术》中讲，心应该能够管住"官"。人有"五官"，这个"五官"应该受心的管理，又跟万物接触。我们是人，有主体性、主动性，所以要用"五官"管住万物，这才是心术正当的途径。心管"五官"，"五官"管外观。但如果倒过来，"五官"让外观给管住了，随着万物流走了，心让"五官"给管住了，就容易心术不正。

道家的"自然而为"让我们认识到：人是万物中的主体，千万不要放任自己。什么叫无为？第一个含义是"私志不得入公道"。个人愿望、个人想法不能随随便便地干预自然界生成、发展的道路，扰乱其整体性。第二个含义是"嗜欲不得枉正术"。嗜欲，是嗜好和欲望。每个人都想释放嗜欲，所以要求"嗜欲不得枉正术"。"枉"就是改变，无非是让人类不要以私志和嗜欲干预整个自然界发生、发展的公道和正义。

那么，应该怎么做呢？要"循理而举事"，根据事物自身的规律去做事。要"因资而立功"，根据条件、依靠条件做好自己的事情，建立事功。所以"无为"是说不要让人类的私志和嗜欲去干预公正，要循理而举事，因资而立功，推自然之势，"辅万物之自然而不敢为"。"辅万物"是让我们有所作为，不是无所作为，我们要推动它，但不是按照自己的个人欲望随意改造它。

四、 西方文化对中国人文精神的借鉴

西方文化在走向近代的过程中，就借鉴了中华文化中"以人为本、人文化成"这一理念，用其与西方中世纪以来的"以神为本，一切听命于神"的文化进行斗争。通过以人为本的文化，人类从神的脚下站起来了。这一观念充分肯定了人的理性的正当性和合理性，充分地发挥人的理性去认识世界，所以才有了近代文化、科学的发展——一切科学技术都是人类理性力量的呈现。

但是，由于人们对以人为本的认识存在偏差，这种理性的力量变质了。人们认为其从神的脚下站起来了，以前由神来决定一切，现在应该由人来

决定一切、主宰一切。这种情况发展到 20 世纪就出现了两次世界大战。两次世界大战以后，人们就开始反思，自己做主宰了，怎么还发生这样残酷的人与人之间的战争？为了争夺资源、财富，人类可以做出任何违背人性的事？经过两次世界大战，人们感觉到人的主体性的丢失。

两次世界大战以后，西方社会高举新人文主义，这是从哪里学的？从东方学的。东方文化强调人要保持主体独立性，只有自觉、自律，万物才能和谐相处；反之，则会放肆、放任。中国传统礼乐教化的核心是让人认清自己的身份、位置。在与万物的交流中，人有主动性，所以应该自我约束。在社会交流中，人有能动性，所以什么事情都应该把自己管好，尽到自己的社会身份所应该担当的职责。整体来讲，中国文化精神就是不断提升人的自觉性和自律性。

五、树立文化自信，不做其他文化的奴隶

我们今天要传播中国文化，从根本上看，就是要认识到中国文化最根本的精神特征。所以不要做网络的奴隶，不要让网络牵着我们的鼻子走，不要失去人的主体性，而要主动地运用网络。当前最迫切的任务是要让每一个中国人都能真正地尊重传统文化，对我们的传统文化有信心。

就像前面提到的，在西方文化历史发展中的两个关键时刻，中国文化作为一种新的力量，起到了不可忽视的作用。一是从西方的中世纪走向近代，西方文化用中国文化道德的自觉、自律去冲破西方中世纪以来"一切以神为本"的文化观；二是 20 世纪以来，当西方人逐渐失去自我，成为物的奴隶，被物牵着鼻子走时，他们又重新想到人的主体性问题。所以，中国文化强调的人的独立性、主体性和自觉、自律等，都是人类文化历史上不可或缺的成果。一定要让人们认识到这个文化意义，让大家对中国文化有自信。

缺失自信心就等于丢掉我们文化的主体性。历史上，我们常常在坚持文化主体性的同时吸收外来文化，正因如此，我们才能积极消化外来文化，用其丰富、发展自己的文化。如果我们把文化的自信、文化的主体意识丢掉了，那只可能成为其他文化的奴隶，不仅不能丰富、发展我们的文化，反而会让传统文化越来越衰弱，甚至消亡。

因此，在网络时代，我们首先要把中国人的文化自信心、文化主体性树立起来，让人们从思想层面、从各种历史和创作中了解中国文化。而且，在以互联网作为载体向世界传播中国文化之前，我们首先要向本国民众传播中国文化。所以说，文化要"走出去"，首先要"走回来"。我们把自己的文化及其意义、成就发扬出去，让世界人民看到中国文化的特点和优点，让他们吸收我们的文化，去充实和发展他们自己的文化。

中国文化是要让世界来共享的，而共享的前提就是我们把这个文化大餐制作好。

（原载于《中国教师》2016年第10期）

中华文化对人类的重大贡献

很多人都有这样一种习惯性思维，比如，一谈到礼教，首先冒出来的想法是什么呢？礼教吃人。近代以来，这种习惯性思维太深入人心了。对于礼教，除了说它吃人之外，还给它扣上一顶封建的帽子。礼教被习惯性地表述为封建的、吃人的。实际上，礼教的根本目的是让人们认识到自己是什么身份的人，这样身份的人言行举止应该遵守什么样的规矩。另外，人们还有一种习惯性思维，即讲到什么事情时一定会问，这个想法有科学依据吗？这样问没有错，但是如果有些事物被认为是不科学的，我们就将它一棍子打死，就有一些问题了。

毫无疑问，近代以来西方的科学、文化样式是一种分科的学问。什么叫科学？大体来讲，就是一种分科的学问，如宗教、文学、哲学、艺术、物理、化学等。分科之学起源于近代西方。古代的传统文化，无论是东方还是西方，都是综合性的学问，都不是分科来讲的，因其具有一体性。现在大家惯用的、狭义的科学，就是研究客观物质世界的学科，我们有时也称其为"自然科学"。

20世纪二三十年代曾发生过一场思想论战，现在常称其为科学与玄学的论战。一批学者认为，科学能解决物质世界的一切问题；另一批学者认为，科学不能解决人类精神方面的问题。因此，玄学不能被忽略。直到现在，争论依然存在。

在科学与人文中，人文精神应该是中国文化的根本特征。从古到今，都是如此。可以说，这一百多年来，中国以人文为特征的传统文化遭到了巨大的冲击。人们常问的是，这个有科学依据吗？可是很少会有人问，有人文依据吗？所谓人文依据，即不仅把人看作一个物质生命体，而且必须要看到，人是物质和精神结合在一起的高级生命体。我们不能离开人的精神生命来谈物质生命，否则，不就跟禽兽一样了吗？如果不能用精神生命来管理物质生命的话，人类很可能会做出连禽兽都不如的事情。这就牵涉到科技文化与人文文化关系的问题。

在20世纪中国文化发展的过程中，明显存在着两个"不平衡"。

第一个"不平衡"是传统文化和西方文化比例的失衡。西方文化所占的比例远远高于传统文化，这体现在教育、社会、文化等方面。人们可能知道莎士比亚，但很有可能不知道汤显祖。汤显祖和莎士比亚是同时代的人，一个是英国的剧作家，一个是中国的戏曲家。很多人可能知道莎士比亚的《哈姆雷特》，却不知道汤显祖的"临川四梦"，连汤显祖最著名的戏曲作品《牡丹亭》都不一定知道。这是不平衡的具体实例。

第二个"不平衡"是科技文化和人文文化的不平衡。我们注重的是科技文化，觉得科技文化才是实实在在的，而人文文化是可有可无的。到现在，我们还经常讲文化是软实力。有人就对"软实力"这个提法很不满意，说文化才是硬实力。我认为，也不用计较提法的问题，我们只要知道，世界上的竞争从根本上讲都是文化上的竞争，最后主要看一方的文化能不能超过另一方的文化。在科技高度发展的情况下，人文显得格外重要，因为人文文化是起引领作用的，它指明科技文化发展的方向。如果没有人文文化的引领，科技文化就会像一匹脱了缰的野马一样，不知道往哪个方向去。正因为有人文文化，我们才不至于沦为物质生活的奴隶。从某种角度来讲，科技文化确实可以改善物质生活，但它不能解决精神层面的需求。

由于习惯性的思维方式，我们现在会把科技文化放在第一位。中国文化的根本精神就在于它的人文文化特质，我们不要以为科技文化是中国文化发展的根本方向。中国如果能坚持人文文化，并用人文文化来弥补科技文化的不足、缺失，这对整个人类来讲都是重大的文化贡献。我们不能放弃中国文化中人文文化这一根本特征。"人文"一词出自《周易》："刚柔交错，天文也。文明以止，人文也。观乎天文，以察时变。观乎人文，以化成天下。"（《周易·贲卦·彖传》）在这里，人文和天文是相对的。通过观察天文，可以搞清楚四时的变化；通过人文的文化，来化成这个社会的风气。因此，人文是中国文化的一个根本特征。

（原载于《北京日报》2017年4月10日，原标题为《这将是对人类的重大贡献》）

多元包容的文化生命力

"人类命运共同体"这个概念有着深厚的中华文化底蕴。关于人与人、人与社会、人与自然的关系,中华文化讲究天人合一、万物一体,强调相互尊重、相互包容、互鉴互通等理念。100多年来,西方文化从生物进化论发展到社会进化论,认为与生物界弱肉强食、适者生存的法则一样,人类社会也是通过互相竞争来发展的。强者生存,弱者被淘汰,这种丛林法则多年来对人类社会影响深远,不同国家、族群之间相互斗争。20世纪以来,已有很多学者看到这种理念的片面性。在自然界、生物界,除了有相互竞争外,也有和平相处、强者去帮助弱者的现象。对于人类来说,作为有理性的生命,更不应该弱肉强食,而是应该相互尊重和帮助,共同发展和进步。

文明因多样而交流,因交流而互鉴,因互鉴而发展。中华文化自古以来最显著的特点就是多元包容。中国历史本身就是不同文化交流互鉴,从而不断发展的历史。先秦时期有百家争鸣,儒、道、法等不同学说百花齐放;佛教传入中国以后,经过不断交流和发展,最终融入中国文化体系,成为中华文化主体的组成部分。儒、佛、道三者相互配合,以儒治世,以道治身,以佛治心,形成了你中有我、我中有你,你是你、我是我的"和而不同"的发展模式,有力促进了中华文化的辉煌灿烂。

所谓你是你、我是我,是指文化交流中需要树立起文化主体意识,这样才能更好地跟其他文化交流,才能更好地吸取其他文化优秀的东西。如果没有文化主体意识,我们就看不到自己文化的长处和短处,也看不到其他文化的长处和短处,不知道怎么取长补短。文化交流是多元文化的交流,如果只有单一的文化就会停滞发展,没有发展前途。

所谓你中有我、我中有你,是指不同文化在相互理解、相互尊重的基础上交流融合、取长补短，从而不断改进和发展，这比简单寻找共同点更为深刻。

在中华文化中，儒、佛、道彼此之间也有批评和争论，但都不否认彼此的价值，非常尊重各自的特色，互相影响和吸收。比如儒家提出"五伦"，即君臣、父子、兄弟、夫妇、朋友五种人伦关系，对应着忠、孝、悌、和、信五种关系准则。人际关系是自然关系的反映，这里面有道家自然而然的思想。魏晋时期有一位著名的思想家王弼，他说，什么叫孝？就是"自然亲爱为孝"。孝不是谁给谁套上枷锁，不是强制的伦理，而是自然而然的感情表露。比如道家重视事物的自我发展、自然而然，在发展过程中会碰到很多不可预料的因素，带有偶然性。而佛教讲缘起，强调因果关系，更偏重必然性。道家的自然思想和佛教的必然思想看似针锋相对。六祖慧能有个弟子叫神会。有一天，神会的弟子问神会，为什么道家总是讲自然，佛家总是讲缘起？神会回答说，都有道理，如果只讲自然不讲缘起，是愚道；如果只讲缘起不讲自然，就是愚僧了。这样一解释，弟子立刻就明白了。有的事物发展可以明晰地理出缘起，有的事物则显示出较强的偶然性；而事物的发展既有必然性也有偶然性，必然的事情通过偶然性呈现出来，而看似偶然发生的事情背后总可探究出必然性。中华文化吸收这两种思想，得到很大提升。

儒、佛、道三教合流有一个标志性事件，就是唐玄宗亲自选了三本书并为之做注解。这三本书是《孝经》《道德经》《金刚经》。儒、佛、道这时候开始成为中华文化的主体，深深影响着中华民族。苏轼就是一个融儒、佛、道于一身的伟大的文学家。他既有儒家仁爱之心，积极入世，一生多次遭贬，颠沛流离，仍然爱民为民；同时，他又有道家的自然洒脱与佛家的圆融旷达。这些从他的很多诗句中都能感受到。"回首向来萧瑟处，归去，也无风雨也无晴。""稽首天中天，毫光照大千；八风吹不动，端坐紫金莲。"宋代的程朱理学与佛教思想也有很深的关系，它吸收了佛教《华严经》、禅宗思想等。程颐去寺庙里，看到那里井然有序、关系和谐，就感叹佛家对社会的尊重。要深入了解程朱理学，也需要对佛教有所研究。

中华文化在多元包容的过程中，随着时代的不断变迁，有的淘汰了，有的发展了，这是一个动态变化的过程，富有生命活力。这就像中医对人体的认识。从解剖学的角度看，人的尸体中五脏六腑互不关联，每个器官都单独存在。可是在活人身上，不可能心是心、肺是肺、胃是胃，各个器官不可能互不关联，心、肺、肠、胃是互相关联的整体。从中医的角度看，身体的某个地方不舒服，可能病源并不在此，而在其他部位。有个病叫"肺心病"，肺心病就是心脏的问题有可能影响肺，肺的问题有可能影响心脏。中医是整体性、动态性地观察人的身体，这里面秉承了中国传统文化的根本精神。

  一个人是一个密不可分的整体，一个国家是如此，整个世界也是如此。构建人类命运共同体，离不开整体的视野，离不开多元包容的理念。中国传统文化有很多东西可以认真研究，结合世界文化的发展，提升到现代文明所需要和接受的阶段。这需要我们勇于反思，改变社会达尔文主义唯我独尊、不尊重他人的价值观。继承优秀传统文化，把中华文化的精髓结合当今时代，用时代的语言来阐述，弘扬其时代意义，使人们不仅认识和理解中华优秀传统文化，而且深入生活去实实在在地践行，这其实也是传统文化在当代的创新发展。我们有责任把中华文化的精神弘扬起来、传播出去。只有我们自己身体力行地弘扬中华文化，才能更好地将其传播到世界。

（原载于《人民政协报》2020年11月2日；采访整理：谢颖）

多元包容让中国文化
博大精深、丰富多彩

中国文化除了以人为本的人文精神，另一个很大的特色即它是一种多元的文化，兼容并包。尽管中国文化是多元文化，也还是围绕人来展开的。比如说三教文化属于中国传统文化，涉及儒、佛、道三家，讲究"以佛治心，以道治身，以儒治世"。以佛治心，即以佛家的心境来管理我们的心态、情绪；以道治身，即以道家的方法来管理我们的身体，跟养生结合在一起；以儒治世，即以儒家的思想治理这个社会。这三者是互相配合的，不是单一的。

中国是一个强调文化认同的国家。世界上像中国这样56个民族可以并存的国家很少有。原因就在于，中国并不是基于单纯的民族认同的理念，而是基于文化认同的理念。这种文化认同又不是单一的文化认同，而是一种多元化的文化认同：各种民族文化相互接受、相互吸收、相互理解。

中国主体文化有三种，即儒、道、佛。这三种文化之间的相互交流和影响从来都没有中断过。有个标志性的事件是，在唐代，唐玄宗亲自选了三本书并做了注解。哪三本书？即《孝经》，这是儒家文化的代表作；《道德经》，这是道家文化的代表作；《金刚经》，这是佛教文化的代表作。他的《御注孝经》《御注道德经》《御注金刚经》被统称为《唐玄宗御注三经》。所以，中国的主体文化是多元的，整个中国文化更是多元的。

在中国的主体文化中，儒、道是本土的，佛教是从外面传过来的。世界上的三大宗教，除了佛教，还有基督教、伊斯兰教，也逐渐传入中国，中国文化对其也很包容。佛教在公历纪元前后就传入中国了。基督教在6世纪末传进来，最早的一个基督教教堂于6世纪末、7世纪初建在终南山。伊斯兰教是6世纪以后才传入中国的。基督教在中国的流传是时断时续的，早在唐朝，基督教聂斯托利派（景教）已经作为基督教的分支传入中国；到了元朝达到一个高潮，当时蒙古族贵族里有很多人信仰基督教；到了明朝，又达到一个高潮。这些都有历史记载。中国文化对伊斯兰教也始终是包容的，我们56个民族里有10个民族信仰伊斯兰教。各民族之间相互尊重，都是兄弟姐妹。各民族可以共存，其文化也可以共存。

中国文化有主体文化，还融合了其他文化，这样才能百家争鸣、百花齐放。比较有名的学派，除了儒家、道家，还有墨家、法家、阴阳家、名家等。各种文化相互交流，中国文化就是综合吸收了各种文化而发展起来的。

在实践上，我们的民族民间文化也五花八门，各个民族的、外来的文化很多。中国传统的二胡、琵琶，当初都是外来的。中国文化有强大的消化吸收能力，就像中国特有的饮食文化——炒菜。炒菜就是把各种材料、佐料放在一起，炒出一道菜。而世界上绝大部分国家没有炒菜，除了蒸，就是炸、煮，比较单一。

所以，中国文化讲究融合，只有不断融合才能不断发展。在国内，各种民族文化要互相学习、互相尊重。除此之外，我们还要吸收国外的各种文化。但话说回来，这个过程中一定要有主体意识，不能丢失中国文化的主体，丢失中国文化的根本精神。根本的价值观念、根本的思维方式，我们要坚持。有了主体意识再去吸收外来的文化，才能掌握主动。否则，把别人的文化照搬过来，结果还是赶不上别人。

当然，我们包容和接纳外来的文化，还得看其能不能适应本土的文化环境。外来文化必须本土化以后，才能融入中国文化的主体中。任何文化的发展都必须跟上时代，但是，中国文化中核心的理念、核心的价值观，必须要坚持。

那么，在不同的时代，应该怎样坚持核心价值观呢？这需要依靠思维方式。中国文化的思维方式是一种非常朴素的辩证思维方式，不是僵化的、绝对化的思维方式。中国人从太极图里看到了事物之间的复杂关系——事物不是简单的、对立的。我们能从中看到世界是个圆的整体，里面可以分成两个对立的方面——黑与白。但仔细看，黑的部分里面有白，白的部分里面有黑。这说明什么？我离不开你，你离不开我；我中有你，你中有我。如果变化起来，黑的还能变成白的，白的也能变成黑的。所以，中国人看待一切问题都是这种辩证的思维方式,这是非常符合客观事实的。

很多人都说中国人没有科学思维,没有科学理论。我就想,什么叫科学?一定要通过理性的数量的分析才算科学吗?比如说董仲舒,这个2000多年前汉武帝时期的历史人物,他在他的著作里面就提到一个概念"凡物必有合",即有上必有下,有前必有后,有左必有右,有内必有外。我们仔细想想,任何事物都是几个方面合在一起才能成为一个完整的事物,他用最简单的语言说明了事物的真相,难道这就不是科学吗?

我常常说,中国文化有四个特点。第一个是源远流长,几千年的文明到现在还延续不断。世界上别的古老文明都中断了,但中国文化没有中断过。第二个就是上面我所讲的多元包容,这也是世界上少有的。第三个就是博大精深。有些人觉得中国文化很肤浅,没有什么科学道理。其实人认识世界光是用理性的方式是不够的,更多的时候还需要用情感的、直觉的方式。不能说前者是科学,后者就不科学。现在西方一些学者也认识到依靠直觉去认识世界,也是人类认识世界的一条道路。

最后一个特点就是丰富多彩,因为中国文化是一种包容的文化。那么多的民族,那么多的创造,那么多的地方文化,怎能不丰富多彩?曾经,我们去每一个地方都会有一种新鲜感。但现在,许多地方建设得千城一面。幸运的是,现在很多人开始意识到建筑是文化,方言也是文化,都应该好好保护,也开始付诸行动。现在,很多年轻人不会说自己家乡的方言,在我看来这是一个很大的问题。如果能把各地的方言好好地保存下来,把各个民族的语言也好好地保留下来,那么,中国文化会更加精彩。

(原载于《中国民族报》2016年7月15日;整理者:钱丽花)

增强中华文化主体意识

"仁"是儒学的一个核心概念。人们对它的理解并不完全相同，就连孔子的三位高足，对它的理解也有高下之分。《荀子》记载，孔子向他的弟子子路、子贡和颜渊提出一个相同的问题："仁者若何？"子路认为，"仁者使人爱己"。对这个回答，孔子的评价是："可谓士矣。"这个评价已不低。子贡认为，"仁者爱人"。对这个回答，孔子的评价是："可谓士君子矣。"这比对子路的评价高了一层。颜渊认为，"仁者自爱"。对这个回答，孔子的评价是："可谓明君子矣。"显然，这是一个更高层次的评价。

为什么孔子高度肯定"仁者自爱"？这是因为在儒家看来，一个有仁德的人一定是自爱、自尊、自立的人，而一个真正自爱、自尊、自立的人一定会推己及人，做到"己欲立而立人，己欲达而达人"。这样，他就会爱人，也容易赢得他人的爱。儒家的这一理念对我们今天增强中华文化主体意识很有启示。

当今世界，文化交流、交融、交锋之势前所未有，西方强势文化深刻影响甚至侵蚀着一些欠发达国家和民族的文化。如何保持和增强自身的文化主体性，成为这些国家和民族非常关切的问题之一。对于中华文化来说，也是如此：如果没有主体意识，就有可能被其他文化侵蚀甚至同化，沦为"文化殖民地"。这是一个非常严峻的问题。提倡增强中华文化主体意识，就是要做到既不妄自尊大也不妄自菲薄。中华文化是中华民族对世界文明的重大贡献，是中国人赖以生存发展的精神家园，是我们最深厚的文化软实力。只有坚持并不断增强中华文化主体性，我们才能有针对性地吸收异质文化的有益养料，滋润、丰富和繁荣、发展中华文化。

中华文化有足够的智慧与气度消化外来文化，佛教被成功消化吸收就是一个例子。在数千年的发展中，中华文化之所以能广泛吸纳各种文化养料而始终具有自身的鲜明特色，就是因为它对外来文化并不是简单地拿来或拒斥，而是始终保持自己的主体性，坚持以我为主、为我所用。然而，近现代以来，一些人对文化的认识存在两个显著的"不平衡"：一是中西文化比重的不平衡，二是人文文化和科学文化的不平衡。这种不平衡体现在教育中，就是对中华文化关注不够，而西方文化却占极大比重。这是有失偏颇的。

《论语》记载了这样一个故事。孔子和弟子周游列国，到卫国一看，人来人往，熙熙攘攘。弟子问，人口这么多，下一步该怎么发展？孔子曰："富之。"就是说，让人们的生活富裕起来。弟子又问，如果大家都富裕了，再怎么办？孔子曰："教之。"经过改革开放，我国人民生活得到很大改善，在许多外国人看来也是富起来了。接下来，该怎么办？就该像孔子所说的"教之"，加强教育。但问题在于教什么，是沿着西方文化的"引导"来教，还是继承和弘扬中华优秀传统文化？在我看来，后者才是我们的正确选择。当前，增强中华文化主体意识，最迫切的是继承和弘扬中华民族传统美德，认真研究和吸取传统伦理观念中的合理因素，建立符合时代要求的伦理观念、道德规范和社会秩序。

总之，我们既要有强烈的民族文化认同，又要有宽广的世界眼光；既要有开放接纳、交流融合的雅量，又要有不削足适履、不买椟还珠的智慧和定力，这样才能在文化精神上实现中华民族伟大复兴。

（原载于《人民日报》2015年2月6日，原标题为《增强中华文化主体意识——从"仁者自爱"说开去》）

文化交流与文化主体意识

在当今世界经济全球化（一体化）的进程中，国际互联网信息技术的迅速发展中，文化的开放和交流势不可当。而且，世界不同文化之间的对话和交流也将是维护世界和平、推动世界发展的一个重要方面。文化交流的前提是多元文化的并存，如果世界文化的发展都趋同于一元，那么既无法交流，也无须交流。无可否认，在经济全球化的趋势下，文化领域也存在着全球化的趋势。这是一个非常严峻的问题，因为文化与一个国家的历史、民族的精神和传统紧密相关，文化主体性的失落也就意味着这一国家历史的中断、民族精神和传统的丧失。我们可以看到，当今世界上一些强国的强势文化，不仅在深刻地影响着、迅速地改变着那些发展中国家、民族的文化主体，同样也在侵蚀着一些具有深厚文化传统的发达国家、民族的文化主体。因此，维护多元文化的存在，保持和发展自己民族文化的主体性，已成为当今世界许多国家、民族极为关切的问题之一。

第二次世界大战结束后，大多数殖民地和半殖民地国家逐步获得了政治上和经济上的独立。20世纪70年代以后，随着亚洲一些国家经济上的腾飞，人们开始重新反思自己的传统文化，认真探讨自己民族传统文化的现代价值和世界意义。80年代以来，关于"儒家资本主义"、儒家文化的现代意义、道家文化的现代意义、佛教文化的现代意义等问题的热烈讨论，都反映了民族文化主体意识的觉醒。然而，遭遇20世纪末的亚洲经济风暴后，人们对此种觉醒又有了某种怀疑和疑虑。人们对21世纪东方民族文化主体性的自觉与期盼，现在也变得有些渺茫了。

就中国来讲，目前尽管有不少仁人志士在为继承和培育中华民族的文化根基而努力奋斗、默默耕耘，但是从总体上来看，给人的感觉则是，中华文化传统的根基越来越浅薄了。由于基础教育中传统文化内容稀少，广大传媒领域中西方文化的内容铺天盖地，因此人们对传统文化的了解越来越少了，而且是一代一代地在递减。试问，对于一个对自己国家、民族的传统文化缺乏了解，而在少得可怜的一些了解中还夹杂着不少错误观念的人，我们怎么能要求他去认同这样的文化传统呢？缺少对文化传统的认同，又怎么会去热爱以这种文化传统为载体的国家和民族呢？

双方在对等的情况下进行文化交流，比较容易保持各自文化的主体性，也能比较理智地相互取长补短，使各自的文化得到丰富和发展。然而双方在不对等的情况下进行文化交流，那么处于弱势的一方要保持自己文化的主体性，是很艰难的，但又是极其重要的。其实，只有坚持自己文化的主体性，才能理智地、有针对地吸收对方文化中的有益养料，滋润、丰富自己，使自己逐步由弱势转为强势。反之，若放弃自己的文化主体意识，则只能被对方的文化所同化。

近百年来，在中国凡强调坚持文化主体意识的人，常常会被一些人斥为"复古""保守"。无须讳言，在这些人中不免有个别食古不化、故步自封之流。然就我所见，强调坚持文化主体意识的人，大都是在对中国传统文化和西方文化都有相当了解的情况下，结合中国国情，经过深入比较和思考后提出来的。从某个角度讲，他们的见识可能远比那些对自己国家的传统文化妄自菲薄、盲目鼓吹追随西方文化的人还要深刻。

纪念鸦片战争150周年时，我写过一篇短文，谈的是"向西方学习与弘扬民族文化"的问题。在文章中，我分析了近代思想界、政治界的有关争论，征引了一些著名思想家和政治家的有关论述，主旨是强调在向西方学习时必须保持自己文化的主体性。如果说这个主旨在当时是从总结历史经验中体会出来的，那么今天再次探讨这个主旨，则更多的是从现实感受中呼喊出来的。文章当时发表在两本小杂志上，很多人大概都不知道。我觉得我的那篇短文，以及短文中引用的一些前人的论述，在今天也还有相当的启发性，同时，对这个问题的基本看法我也没有改变，所以我想把其中的主要文字摘录在这里，作为我上面这些想法的具体补充。（文中个别文字稍有修改）

在寻求中国革命的道路和方向的过程中，如何正确认识和处理好向西方学习与弘扬民族文化的关系，始终是一个十分重要的问题。由于近代中国贫穷落后，学习西方国家的富国强民之道是无可非议的。但也无可讳言，在向西方学习的过程中，那种彻底蔑弃民族传统文化、盲目崇拜和全盘照搬西方文化的倾向由来已久，而且始终在社会上影响不绝，有时甚至发展到相当严重的地步。其中也包括教条主义的马克思主义者的盲目照搬，而它曾给中国革命事业带来了巨大的损失和灾难，这更是人人所共知的历史。

公开提出"全盘西化"的口号，并由此而引起文化界、学术界的广泛争论，那是20世纪30年代的事。而"全盘西化"的思想倾向，在19世纪末、20世纪初就已在社会上广为流传了。在近代历史条件下，完全抵制向西方学习的顽固派或文化上的复古主义是没有市场的。它讲不出什么理由，也没有什么理论，因此在20世纪30年代人们就认为，"不必枉费时间来与他们辩驳"（吴景超：《建设问题与东西文化》）了。但是，"全盘西化"论就不一样了，它直至今日还有着广泛的市场。在这两种极端倾向之外，还存在着一种强调立足于民族文化，积极吸收适合我国情况的西方优秀文化的主张。这种主张在当时被持"全盘西化"论者斥为"折中主义""保守主义"等，并由于持此主张的一些学者涉嫌"保皇""复古"，因此长期以来我们对这一主张缺少研究和公正的评价。

在这篇短文中，我想简单介绍一下20世纪初至20世纪40年代几位学者反对"全盘西化"，主张立足于民族文化，积极吸收适合我国情况的西方优秀文化的一些论点，作为我们今天讨论文化问题的参考。

康有为是近代中国向西方寻找真理的早期代表人物之一。虽然他后来在政治上主张"保皇"，并鼓吹建立孔教，但他从来没有否定向西方学习。他对于如何看待向西方学习和弘扬民族文化的关系方面有不少论述是值得重视的。

例如，他在1891年的一封信中就批评那种"言洋学者，尊之如帝天，鄙洋事者，斥之为夷狄"的人，指出这两种人的问题在于"皆未深求其故者也"（《与洪右臣给谏论中西异学书》）。戊戌变法那年（1898年），他在一份代人草拟的奏折中指出："中国人才衰弱之由，皆缘中西两学不能会通之故。"他认为，中西两学是"二者相需，缺一不可"的，从而提出要"泯中西之界限，化新旧之门户，庶体用并举，人多通才"。〔《请将经济岁举归并正科并各省岁科试迅即改试策论折（代宋伯鲁拟）》〕

20世纪初，随着反封建斗争的深入和资产阶级革命运动的发展，社会上出现了一股"醉心欧化"之风。康有为对此是十分反对的。戊戌变法失败后，康有为曾遍游欧美、日本、印度和东南亚各国，对于资本主义社会和沦为殖民地的那些国家都有了较多的了解。根据他的切身观察，他认为，欧美的社会制度和文化中存在着许多问题，远非十全十美，因而盲目地"全法欧美"和"举中国数千年道德教化之文明一切弃之"是完全错误的。1913年，他写了一篇题为《中国颠危误在全法欧美而尽弃国粹说》的文章，对于当时社会上那种不顾中国国情、一切照搬西方政治制度和文化的思潮进行了激烈的批评。他在文章中指出，社会上一些人"发狂妄行"，"凡欧美之政治、风俗、法律，殆无不力追极模，如影之随形，如弟之从师矣。凡中国数千年所留贻之政教、风俗、法度、典章，不论得失，不揣是非，扫之弃之，芟之除之，惟恐其易种于新邑矣"。他认为，去中国之旧、用欧美之新是无可非议的，问题在于一些人"于欧美之政治礼俗，不问其是非而师之法之；于中国之政治礼俗典章法度，则不问其得失而皆扫之弃之"。（《中国颠危误在全法欧美而尽弃国粹说》）他强调，世界各国的国情各异，绝不能盲目照搬，"苟妄师之，必生病害"。他认为，即使是那些欧美国家间相互学习，他们也还要"各鉴其弊而损益之"，"但取其合于本国之情，而为至善之止耳"。（《中华救国论》）他明确表示，欧美各国"亦有不可效法之事"，人们只有以"必求其善而去其不善"的态度去学习欧美，才可能取得成功，达到富强。（《在宁垣学界的演说》）相反，如果"全师欧美而尽弃国粹"，那么就只能永远做"欧美之奴"。（《中国颠危误在全法欧美而尽弃国粹说》）

  康有为还分析了产生这种思潮的某些原因。他认为，有一条重要的原因就是："新学之士，不能兼通中外之政俗，不能深维治教之本原。"因此，这些人往往只能看到事情的表象，他们"以欧美一日之强也，则溺惑之；以中国今兹之弱也，则鄙夷之。溺惑之甚，则于欧美弊俗秕政，欧人所弃余者，仿之惟恐其不肖；鄙夷之极，则虽中国至要道，数千年所尊信者，蹂躏之惟恐少有存也"。（《以孔教为国教配天议》）应当指出，在这篇文章中，康有为是为了强调建立和发扬孔教的必要而发表这番议论的。但是，他在这里揭示的那种"全法欧美"而自鄙自弃者的面貌，及其产生的原因之一，还是相当深刻的。可以毫不夸大地说，今日的某些"全盘西化"论者，比之当年的"全法欧美"论者，在嗜痂恶癖上只有过之而无不及。

  康有为的学生梁启超，在第一次世界大战后考察了欧洲大陆，回国后写了一部《欧游心影录》，当时遭到西化论者的不少批评。但是，我觉得梁氏从切身观察的感受中提出对中西文化的重新认识还是有价值的。他在书中说："国中那些老辈，故步自封，说什么西学都是中国所固有，诚然可笑，那沉醉西风的，把中国什么东西都说得一钱不值，好像我们几千年来，就像土蛮部落，一无所有，岂不更可笑？"他希望青年们"第一步，要人人存个尊重爱护本国文化的诚意；第二步，要用那西洋人研究学问的方法去研究他，得他的真相；第三步，把自己的文化综合起来，还拿别人的补助他，叫他起一种化合作用，成一个新文化系统；第四步，把这新系统往外扩充，叫人类全体都得着他好处"。这里，梁启超有许多美好的理想和愿望，但有一点是明确的，那就是向西方学习，要立足于民族文化的基础之上。关于这一点，他后来在《中国学术思想变迁之大势》一书的结尾更有明确的表达。他说："但今日欲使外学之真精神，普及于祖国，则当转输之任者，必邃于国学，然后能收其效。以严氏（复）与其他留学欧美之学僮相比较，其明效大验矣。"梁氏这番话，我认为是有一定道理的。

著名国学大师章太炎也有相似的看法。他在1910年写过一系列文章，其中有一篇题为《论教育的根本要从自国自心发出来》，认为"本国没有学说，自己没有心得，那种国，那种人，教育的方法，只得跟别人走。本国一向有学说，自己本来有心得，教育路线自然不同"。他当然认为中国是属于"一向有学说，本来有心得"的国家之列的。然而他说，近来的学者中存在着两种偏心，一是"只佩服别国的学说，对着本国的学说，不论精粗美恶，一概不采"；二是"在本国的学说里头，治了一项，其余各项都以为无足重轻，并且还要诋毁"。这种人总只能跟在别国人的屁股后面走。因此，他认为，"大凡讲学问施教育的，不可像卖古玩一样，一时许多客人来看，就贵到非常贵，一时没有客人来看，就贱到半文不值。自国的人，该讲自国的学问，施自国的教育，像水火柴米一个样儿，贵也是要用，贱也是要用"。同时，他也指出，"至于别国所有中国所无的学说，在教育一边，本来应该取来补助，断不可学《格致古微》的口吻，说别国的好学说，中国古来都现成有的。要知道，凡事不可弃己所长，也不可攘人之善"。

这里还想介绍一下近代著名教育家杨昌济先生的一些想法。他在1914年发表了一篇题名为《劝学篇》的论文，其中阐明了他对于学习西方和弘扬民族文化的观点。他说："夫一国有一国之民族精神，犹一人有一人之个性也。一国之文明，不能全体移植于他国。"又说："善治病者，必察病人身体之状态；善治国者，必审国家特异之情形。吾人求学海外，欲归国而致之于用，不可不就吾国之情形深加研究。何者当因，何者当革，何者宜取，何者宜舍，了然于心，确有把握，而后可以适合本国之情形，而善应宇宙之大势。"他也有如同梁启超那样的想法和希望。他认为，我们"今以新时代之眼光，研究吾国之旧学，其所发明，盖有非前代之人所能梦见者"。于是说："吾之所望者，在吾国人能输入西洋之文明以自益后，输出吾国之文明以益天下。既广求世界之智识，复继承吾国先民自古遗传之学说，发挥而光大之。"杨昌济先生是一位先留学东洋、后又留学西洋的学者，对于东西方文化都有深入的了解。他的这些想法是经过详细比较和深思熟虑的，在今天也还有其现实的教育意义。

在20世纪30年代中期的文化问题讨论中，有一篇"十教授"的《中国本位的文化建设宣言》（以下简称《宣言》），参加这个《宣言》的"十教授"情况是很复杂的，各人的政治态度很不一样，参加签名的动机和目的也很不一样。但是，我们就这篇宣言中所提出的一些基本想法来看，还不能因人而一概废弃其言。如《宣言》说："徒然赞美古代的中国制度思想，是无用的；徒然诅咒古代的中国制度思想，也一样无用。必须把过去的一切加以检讨，存其所当存，去其所当去。其可赞美的良好制度、伟大思想，当竭力为之发扬光大，以贡献于全世界；而可诅咒的不良制度、卑劣思想，则当淘汰务尽，无所吝惜。""吸收欧美的文化是必要而且应该的，但须吸收其所当吸收，而不应以全盘承受的态度，连渣滓都吸收过来。吸收的标准，当决定于现代中国的需要。"《宣言》还说："要而言之，中国是既要有自我认识，也要有世界眼光，既要有不闭关自守的度量，也要有不盲目模仿的决心。"这些看法对我们今天来处理向西方学习与继承弘扬民族文化的关系时，也还是有参考价值的。

中国共产党人在这个问题上是吃过大亏的，有过深刻的教训。1940年，毛泽东同志在《新民主主义论》中对此做了深刻的总结。他指出："中国现时的新政治新经济是从古代的旧政治旧经济发展而来的，中国现时的新文化也是从古代的旧文化发展而来，因此，我们必须尊重历史，决不能割断历史。"同时又说："中国应该大量吸收外国的进步文化，作为自己文化食粮的原料，这种工作过去还做得很不够。这不但是当前的社会主义文化和新民主主义文化，还有外国的古代文化，例如各资本主义国家启蒙时代的文化，凡属我们今天用得着的东西，都应该吸收。"不过他又特别强调，对于一切外国的东西，"决不能生吞活剥地毫无批判地吸收。所谓'全盘西化'的主张，乃是一种错误的观点"。并且接着说："形式主义地吸收外国的东西，在中国过去是吃过大亏的。中国共产主义者对于马克思主义在中国的应用也是这样，必须将马克思主义的普遍真理和中国革命的具体实践完全地恰当地统一起来，就是说，和民族的特点相结合，经过一定的民族形式，才有用处，决不能主观地公式地应用它。"毛泽东同志的以上认识，是从革命的实践中、血的教训中总结出来的，有着深刻的历史意义和现实意义。

本来有了以上毛泽东同志的科学总结，关于向西方学习与弘扬民族文化的关系问题，无论在理论上还是在实践上，应当说都已经很清楚了。但是，事实不然。时至今日，对于这一问题，许多人的头脑还是相当糊涂的。造成这种情况的原因有很多，但我觉得，人们对这一段历史缺少全面的了解是其中一个重要的原因。希望通过这篇短文，我们一起来回顾一下这段历史中的一些见解，俾使今后在认识和实践中，在处理向西方学习与弘扬民族文化的关系问题上少一些片面性。

最后，我还想引用龚自珍的一段话作为结束。龚自珍说："灭人之国，必先去其史。隳人之枋，败人之纲纪，必先去其史。绝人之材，湮塞人之教，必先去其史。夷人之祖宗，必先去其史。"（《定庵续集》卷二《古史钩沉二》）

史之重要，有若此者。让我们一起来重视和加强对青少年儿童乃至全民族的历史教育、传统文化教育。这是我们历史、文化工作者义不容辞的责任。

〔原载于《文明的和谐与共同繁荣——北京论坛（2004）论文选集》，北京大学出版社 2005 年版〕

树立文化自信，
首先要认识文化多样性

中华文化有悠久的历史，有文字记载的历史就有3000多年。但是我们也不能忽视和否认，这100多年来，我们中国人对自己这样悠久的传统文化失去了自信心。所以今天我想来探讨一下，为什么我们会失去文化的自信。

我们之所以在近百年来对文化失去自信，主要是因为在19世纪末、20世纪初，我们接触、接受西方的文化以后，开始对中国的文化进行反思。结果呢，在当时西方的思想指导下，就感觉中国既没有这个又没有那个，没有宗教、没有哲学、没有科学、没有艺术，在这样一个认识下，怎么可能对我们自己的文化有信心呢？我们对传统文化进行了清算，特别是针对我们传统文化主体中的主体——儒家的思想进行了彻底的清算，把儒家的主体文化"礼教"说成"吃人的礼教"。

到了20世纪30年代，有一位学者提出"全盘西化"的口号。当然他提出这个口号的时候，有很多学者不赞同，也有很多社会人士不赞同，所以就有10位教授联名发表了宣言，叫作《中国本位的文化建设宣言》。但是在当时的历史情况下，主张坚持中国传统文化主体立场的力量是很微薄的。于是，中国人对中国传统文化的自信心，应该说是越来越缺失。

是什么样的思想、什么样的认识让我们对自己的文化传统失去了信心？我想我们对文化的认识存在着一些误区，大致有三个方面。第一个，我们怎样来认识文化？当时我们都把文化看作一个历史进展的过程，以为后一个时期产生的文化一定会比前一个时期的文化来得先进、来得进步；总觉得西方的文明是工业文明，工业文明所产生的文化一定比农业文明时期所产生的文化来得进步。我们要赶上世界的潮流，要跟世界同步前进，那么必须要批判我们传统的农业文明，去接受甚至全盘接受西方文明所产生的文化。

其实在新文化运动时期的讨论中，对于这个问题，学界也是有不同看法的。当时有很多学者也提出来了，工业化不等于现代化，主张立足于我们自己的文化传统，在这个基础之上走向现代化。

我曾经在一篇文章中提到，我们20世纪在文化发展中有两个"不平衡"，第一个"不平衡"就是中西文化的比例不平衡。我们整个的社会文化教育中，重要的、重点的是西方的文化，而中国的传统文化占的比例很小，甚至在有的领域里面根本就没有。第二个"不平衡"就是科技文化和人文文化的失衡。我们强调科技文化，而忽视了人文文化。所以我刚才提到一个希望，希望21世纪这样一种局面有所改变。至少第一步，中国文化和西方文化在整个社会和教育里能够比重相等，科技文化和人文文化也能够比重相等。而进一步，我更期盼中国文化要大于西方文化在教育中的传播的比重；希望人文文化能更受到重视，比科技文化更得到社会的认同。但是到现在为止，我想这种比例的失调并没有完全改变，还没有达到平衡。

我们总是把文化看成时代的，而没有看到文化有很多是超越时代的。农耕文化并不是只适用于农业社会，因为人类有很多共同的问题；并不是到了工业文明以后就完全变了，因为文化有很强的连续性。更重要的是，文化有类比的产物，也就是不同文化具有不同的类比、具有不同的特色。而这种差异性、这种不同的特色，恰恰是世界文化发展的一个重要动力，因为不同文化可以相互补充、相互取长补短。如果文化都一样，千篇一律的话，那就无法相互推动。

20世纪80年代，随着经济全球化的进程加快，很多地方文化的特色在消亡，尤其是那些口述的非物质文化在迅速消亡，于是才有怎样加速、加强保护人类非物质文化遗产这样一个呼吁。在这个讨论中，有一个非常有意义的口号，叫作"越是民族的就越是世界的"。我觉得在文化上，这个口号是非常重要、非常深刻的。各个民族的文化有各自不同的特色，从内容到形式都有不同。比如，中国的文化更注重人的向内的自觉性；而西方的文化更注重向外部追求，要依靠一个外部的力量来规范。这就很需要两种文化相互补充。

所以我们更应当重视文化类型的不同，不能用一种文化去排斥、否定另一种文化；对于不同的文化类型，不可以用高低、优劣、是非来下定论，恰恰应该主张其相互吸收。

第二个方面，我认为我们混淆了传统文化的样式和近现代文化的样式。传统文化的样式，尤其是中国传统文化的样式，是一种综合性的文化样式。所谓综合性，就是不分门别类，把世界看成一个整体，所以研究世界的所有学问也是互相关联的，天地万物一理贯通。拿中国的来讲，中国的三教，它们共同讨论所有的天地万物，是不分科的。儒家在讨论什么？这是一个什么学科？它里边既有天文学、地理学、人生学，也有宗教学，这是传统文化的特色。而近代文化发展的样式，尤其是西方近代以来文化发展的样式，是以分科为主的。我们所谓的"科学"这个概念，它最初的含义并不像我们现在理解的，是指自然科学而是指分科学问，即将文化分成各个不同的学科来加以探讨，因此，就有了天文学、地理学、生物学、物理学、心理学、哲学、美学等学科的分类。

简单地讲，传统文化是在一个学术派系、派别里面，有各种各样不同的学科；而现代文化的样式，是在一个学科里面有各个不同的学派。正因为如此，20世纪以来，很多人才会不断地讨论中国有没有哲学。中国过去所讲的那些东西能称得上哲学吗？用现代学科的哲学理念分析传统文化，很难找到正确的答案。比如讨论儒家是不是宗教，讨论得不可开交，一直到现在还在争论。其实儒家既是宗教，又不是单一的宗教。儒家包括乐教（或者叫师教）、礼教、礼学：师教相当于我们现在讲的艺术，礼教相当于我们现在讲的宗教，礼学就相当于我们现在讲的哲学。所以，说儒家只有礼学没有礼教，或者说儒家只有礼教没有礼学，都不成。

把这两个不同时期的文化样式——传统和近代的文化样式混为一谈，又以近代的文化样式去考察传统文化，结果就是中国传统文化中既没有科学，也没有哲学、宗教，什么都没有。我想其中问题最大的就是中国没有宗教的说法，它一直影响到现在。我们很多人一讲到、一看到社会的许多问题，都会讲这是由于我们信仰的缺失。进一步分析"信仰的缺失"，很多人其实还是对中国文化中没有宗教信仰、缺乏宗教信仰，持有一种怀疑的态度。我想我们缺失文化自信的原因，是拿现在这样一个分科的标准去衡量中国传统文化，结果发现中国传统文化中什么都没有。这是第二个方面。

第三个方面就是我们现在有一种标准化的思维方式，我们对每一个东西都要定标准，拿自然科学来讲，就是定量、定性。一个标准达到了什么样的量就可以给它定一个什么样的性，这是一种标准化。所以对于近代的学术我们也要定个标准，合乎什么样的标准，就可以称之为这个学科；不合乎这个标准，就不能称之为这个学科。那么标准又是怎么来的呢？就是以西方文化样式来做标准，来衡量。刚才我提到宗教，为什么说中国文化中没有宗教呢？就是因为我们是以西方近代以来启蒙运动思想家对西方中世纪宗教的概括作为宗教文化的标准，参照近代启蒙思想家对于西方中世纪以来宗教文化特征的描述来衡量。如果我们按照这样的标准衡量，那中国文化中确实没有宗教。因此人们说中国没有宗教，中国没有宗教信仰。哲学也是这样。

这样的问题存在于我们思想中：看不到文化的不同、文化的互补，看不到传统文化样式和近代以来的文化样式的差异，认为某一种学说、某一种学科就一定有一个标准。在这样三个框框里，中国什么都没有。其实中国近代也有个别的学者明确地讲，中国有宗教，但是跟西方的宗教不一样。比如康有为讲，中国的宗教是以人为本的、以人为主的人道的宗教，西方的宗教是一个以神为主的神道的宗教。又比如章太炎先生提出，中国也有宗教，也需要宗教，那要什么宗教呢？要以佛教为中国的国教。为什么？因为佛教是一个无神的宗教。所以宗教并不是一个模式、一个样式，人道的宗教也可以称为宗教，无神的宗教也可以称为宗教。我们用一个标准化的东西去衡量不同的文化样式、不同的文化特征，那就把不同文化中独有的东西给否定了。

我想，今天我们要恢复对自己传统文化的自信，首先要检讨我们对文化的认识、对文化多样性的认识。这是最根本的问题。我这一点浅陋的意见，供大家来思考。

（原载于《博览群书》2014年第10期）

唤醒"自然合理"的中国文化主体意识

研究中国哲学和中国文化,如果不懂得中医的话,我想就把握不住中国哲学的根本特征,也体会不到中国文化的根本精神。现在有些人要否定中医,这实际上是对中国传统文化和中国哲学的一个否定。所以,这不仅仅是中医界的责任问题,同样也是中国哲学研究、中国文化研究的责任问题。

现在提出来这个问题,其实并不是现在才有这个问题。一百多年前,当我们刚接触西方文化,对于西方文化和中国文化是什么样的关系还了解不深的时候,一些人认为中西文化的差别就是时代的差别,而没有认识到中西文化的差别实际上是一个类型的差别。而这种类型的差别,恰恰使不同文化得以交流和互补有了可能。那个时候,基于中西文化差别是时代差别的认识,提出中国哲学合法性等的疑问是情有可原的;而现在,一百多年过去了,如果还停留在这个层面,我想我们是落后了。

不仅中国,整个东亚地区,也就是整个东方文化都有这么一个遭遇。一百年来,中医在日本叫"汉医",在韩国实际上也是"汉医"——后来叫作"韩医",它们也同样有这样的遭遇。但是从20世纪50年代开始,他们开始反省这个问题。中华人民共和国成立后,从党和国家的指导方针来讲,要"扶植"中医。但问题是,我们在具体执行的过程中是在真正发扬中医、扶持中医,还是在辩证、结合的名义下消解中医、解构中医?这个问题是很大的。可以说,在某种程度上,中医被完全改造了,反而失去了中医原本的面貌。

现在有些人总拿"科学"来说事。科学和科学精神是最尊重事实的,可是现在确实有些科学家不尊重事实,在那里信口开河,说科学发达了,中医就可以消亡了。我们的科学越来越发达,我们的中医药也随之发展。

为什么？要认识到，我们的中医不是一个单纯的科学问题，它还有人文，我们应该从这个方面认真加以研究，应该把它纳入人文的思考领域里。中医不仅仅是跟西医相对的概念，中医有更深层的含义。看看"中医"这个词的本源。最早提出"中医"这个概念的，大概是《汉书·艺文志》的《方技略》，里面提到"有病不治，常得中医"。怎么讲？这就是任继愈先生讲的，中医的根本原则是治未病，而不是治已病。有了病以后也主要是调整自身整体的生理机制，从而打通闭塞，平衡阴阳。中医不是单纯地让你吃药，药吃得不好反而增加病，所以后面才提出来"有病不治，常得中医"，是这样一个"中医"的概念。

所以，如果不懂中医的这个含义，是根本无法理解中医的。它让你不得病，难道不科学吗？只有得了病以后去治，才叫科学吗？所以我觉得这是一个很大的问题。这个问题涉及中医的思维方式问题。中医的思维方式就是中国文化、中国哲学的思维方式，就是整体关联的思维方式。它不是一种分析还原的方法。分析还原，还原到后来就各自成为孤立的个体；而整体关联的还原也是还原，还原到每一个个体，但这个个体是相互关联的个体，而不是一个个孤立的个体。这就是生命。我觉得我们医学在根本上是研究生命的问题，是研究人这个有精神的高级生命体。也正是因为这样，中医的理论里才有整体生命的每一个部分都能完整地反映整体面貌的观念，而不是只反映某个部分。肝脏不只反映肝脏这部分，心不只反映心这部分，所有脏器的生理功能是密切关联在一起的。

我们要把中国哲学这样一个整体关联的思维方式充分地阐发出来，加强研究，来支撑中医的基本理论。中国哲学在吸收佛教的思想，吸收佛教里的理事关系——"理事无碍，事事无碍"这样的思想以后，就促成了宋明理学中"理一分殊"理论的产生。而"理一分殊"理论的核心，就是每一个事物都是一个整体——所谓"事事一太极""物物一太极""人人一太极"。为什么这样讲？因为每一个事物都不是孤立的个体，而是一个反映天人关系的整体。这样充分的道理，这样丰富、深刻的道理，这样把生命作为一个活生生的整体来对待的医学理论，有人竟然说它是伪科学，简直不可思议。

这个整体观点在中国哲学领域里最后总结出来是一个什么样的理念呢？

我觉得这非常重要，就是"自然合理"的理念。我在大概20多年前的一篇文章里讲到，玄学对中国哲学的贡献，其中重要的一点就是玄学形成了这样一种思维的方式，即"自然合理"，也就是说，凡是合理的必然是自然的，凡是自然的必然是合理的。所以，中国的思维方式整个就是"自然合理"的方式。而我们现在受到西方的影响以后，在有些人的头脑里，只有科学才能合理。

中国哲学里的自然概念是本然的意思，任何违背事物本来面貌的行为都是不合理的，都要出问题。中国人寻求自然合理，证明一切事物是符合自然的、是合理的。那么我们应该怎样去做呢？我们就应该按照事物的本来面貌"因势利导"，我们所有的行为要适合、符合事物本来的发展途径、趋势。对中国哲学中"自然合理"的理念和思维方式，我们要这样去认识、这样去实践。

而所谓"科学合理"的理念，在寻找到事物的本来面貌以后怎样去做呢？要去掌控自然、去改造自然，去改变事物的本来面貌，这个我想是不行的。我们讲自然合理，我们的行为要顺从、符合事物的本来面貌，要积极地随着事物的本来面貌去发展它、推进它，而不是按照人的主观愿望去改变它。这就是中国道家"自然无为"思想的核心精神，不以私志入公道。如果某种"科学"要以私志去改造公道，它就不是真正的科学，而是对科学认识的误区。

现在很多科学家也开始认识到这一点：认识科学的目标并不是按照人的意志去改变自然界的本来关系（生态关系），而是使大自然和人类能够和谐地相处。所以中国人讲天人合一。如果离开这个理念去讲天人合一，那么实际上就是去破坏自然界的生态关系来适应我们人类的欲求，我觉得这是一个非常大的问题。

这里实际上还涉及一个非常重要的理论问题：科学讲究清晰，而中国整体联系的思想常常是非常模糊的。现代科学发展已经给我们提出这样一个问题：究竟是清晰更接近事物的整体本来面貌，还是模糊更接近事物的整体本来面貌？我觉得这是个很严峻的问题。现在科学的发展已经让人越来越认识到，模糊化其实更接近事物的整体本来面貌，而有时候越清晰实际上是对事物越片面的认识。这也正是现在模糊学理论发展的一个道理，模糊数学、模糊逻辑发展的一个道理。

所以我觉得，对于这个清晰与模糊怎么来看的问题，我们应当认真思考。在我们中国的文化里面，比较典型的例子就是中医，中医在模糊中有极其精确的一面。这也是中国文化最根本的特色。

我觉得，我们可能要在中国哲学的这个层面给中医更多理论上的支持，不要人家一说你这个模糊你就担心，不需要担心。现在要担心的是将来中医药很可能要"出口转内销"。这不是危言耸听，而是很有可能的，因为我们现在看到西方有一些学中医的人，他们读中医原典比我们读得细、读得深。

中国哲学史学会成立中医哲学专业委员会非常有意义，而且任重道远。现在我们的传统文化领域、我们的中医领域看起来似乎也很热闹，但是在我看来危机四伏。我想在这样的情况下，这个学会能在各个方面起到推动的作用。

（原载于《中国社会科学院院报》2007年3月27日）

东方文化与现代生活

一

近年来,对东方文化在现代生活中的价值和意义的探讨,引起了越来越多的人的浓厚兴趣,成为世界学术界、思想界、宗教界的一个热门研究课题。

近几百年来,西方一直处于世界领先的地位,西方文化也因而在世界上产生着广泛而深刻的影响,这是一个无可否认的历史事实。19世纪以来,由于当时的东方国家大多处于落后、贫弱的地位,而西方资本主义国家则是先进、富强的现成榜样,于是人们很自然地把先进、富强与西方文化联系在一起。因此,一百多年来,所有的东方国家在摆脱落后、贫弱和走向现代化的奋斗进程中,无不积极地、大量地学习和吸收西方文化。从历史的、发展的观点来说,这种学习和吸收是完全必要的、合理的和进步的,但是与此同时,也明显地存在着一种文化论上的片面和失衡,即对西方文化的盲目推崇和对东方文化的妄自菲薄。长期以来,人们一味赞扬西方文化的优点而看不到它的短处,严厉批评东方文化的缺点而看不到它的长处。直至今天,在相当多的人的头脑中仍然潜伏着一种唯西方文化为是、为优的思维模式,尤其是在自然科学理论、生产工艺技术等方面,人们更是奉西方文化为圭臬。

无可否认,如果仅从文化角度来说,当今世界物质生产的迅速增长、科学技术的高度发展,与西方文化中重视自然科学理论、重视改造自然环境等的传统有一定的关系。丰富的物质生产和高度发展的科学技术,给一些发达国家中的部分人提供了相当富裕的现代化生活,当前它正在成为其他不发达国家的人们所羡慕和追求的目标。因此,在现代生活中,人们追求西方(文化)化的倾向比以往诚可谓有过之而无不及。

然而，人们是否冷静地思考过，如此迅速增长的物质生产和高度发展的科学技术，在给社会和人类造福的同时也会给社会和人类带来负面的影响？目前的事实是，当人们（一部分人）在享受富裕的物质和由先进科技提供的高度方便的现代生活的同时，也在精神上和肉体上不同程度地经受着这种现代生活带给人类的种种病变的煎熬。

从现象上来说，现代生活中的种种病变有相当一部分与当今高科技的迅速发展有一定的联系。比如，现代生活加剧了人与自然的对立。人们为满足自身的欲求，利用现代高科技为人类提供的有力手段，无限度地向自然界索取各种资源，进行掠夺性开发，从而严重地破坏了地球的生态平衡。而现代高科技提供的方便生活，也在很大程度上鼓励人们养成一种浪费性的消费习惯。这种生活消费习惯不仅浪费了大量宝贵的资源和财富，而且制造了大量的生产和生活废弃物，从而严重地污染了人类生存的自然环境。自然环境的污染、生态平衡的破坏，造成了全球性的气候反常，旱涝风雹灾害频发，怪病恶疾滋生蔓延，给人类的生存带来了严重的威胁和烦恼。人类依仗着高科技加速对自然的征服、控制和支配，同时也更快速地遭到自然的强烈反抗和报复。

无可怀疑，由于现代科技的发展，人们的生活和医疗条件等都得到了极大的改善，因而现代人的平均寿命也大大地提高了。然而，如果人们不能有效地解决生态平衡和环境污染的问题，那么不仅现代人难以长期保持健康长寿，而且更为严重的是，这必将贻害子孙后代，大大缩短整个人类在地球上生存的历史。这也是今天摆在我们面前非常迫切需要解决的、应当认真思考的问题。

现代生活使得人与人之间的关系越来越疏远。现代通信手段的发达，缩小了地球世界，人与人之间交涉或交往的载体以电话、手机、电脑、网络为主，因而也减弱了社会中人与人之间的直接感情交流。同时，在现代高科技提供了各种现代化生活手段的环境中，自动化设置乃至电脑程序控制完全有可能把一个人的生活安排得十分周到、舒适，因而也为个人封闭式（孤独）的生活方式提供了方便的条件。如此种种，进一步加深了现代社会生活中孤寂症的蔓延。

现代生活对于高科技和人为环境、手段的过度依赖，造成了一种人们始料不及的现实矛盾：人类征服自然的力量越来越强大，而适应自然的能力却越来越减弱。因此，只要人为环境中的任何一个环节出一点小问题，都将使整个社会和个人生活陷于瘫痪。人们在现代生活中时刻处于一种极大的不稳定和不安全感之中。

现代生活的紧张节奏造成人们生理上、心理上的严重失衡，这也是人们始料不及的。人类自己创造的现代高科技，不单纯是一种征服自然的力量，反过来也成了一种控制和支配人类自身的强大力量。在精密、自动、高速的强制下，人只能听从机器或自动程序的安排，成为机器或程序的奴隶，生活变得紧张、机械、被动、单调、乏味。这种人类创造力的自我"异化"，使人们失去了越来越多的自我本有的种种主动和自由，由此产生了严重的自我失落感和对生活意义的种种迷惘。

如果从文化根源上来分析，人们在现代生活中所经受的种种病变和煎熬，与现代人的价值取向有着密不可分的联系。其中，无限度地追求物质增长和一切以自我为中心这两者影响最为深远。

追求物质增长和生活享受已是现代人的主要人生目标，在一些人那里甚至是唯一的目标。在这样的价值观念的支配下，一切都只是为了功利，为了纵情享乐。因此，自然和科技只不过是人们达到某种功利和享受的环境、资源、工具和手段，可以不顾一切后果地去利用它、攫取它，甚至连他人也和物一样，只不过是一种资源或手段，人与人只是一种相互利用的关系而已。于是，人与自然的关系、人与人的关系都被严重地扭曲了。这也许是上述人与自然的对立和人与人关系疏远（或对立）急剧加深的深层根源。

这里所说的"以自我为中心"包含两个不同方面的含义。一个是指与上述追求物质增长和生活享受联系在一起的，即一般伦理意义上所谓的个人主义或利己主义。它的膨胀将导致社会上严重的人格危机，而且这种（外在的）以自我为中心，其结果却往往是落得个（内在的）自我失落。另一个是指与自然相对的人类自我中心。它的膨胀则导致人类任意地控制和支配自然万物，其结果则如上所述，人类会不断地、越来越迅速地遭到自然的强烈反抗和严厉报复。诚如一些学者所指出的，在人与自然关系中的以人（我）为中心（人类中心主义），从某种意义上，也可以说是人的一种利己主义的自我陶醉。

必须指出，现代生活中的种种病变首先与社会的经济、政治制度有着根本的联系，同时也与一定的文化价值取向有着密切的关系。同样无可讳言的是，上述的种种社会病变，大都与西方文化的某些基本观念、思维方法和价值取向等有着直接的关系，至少可以说，它与盲目地、片面地理解和接受西方文化有关。

二

东方文化（尤其是中国文化中的儒、释、道）对防止和医治现代生活中的种种病变大有启发和可借鉴之处。比如，中国的儒、释、道三家都十分强调人与自然和谐一体的思想。它们认为，人与天地万物同为一气所生，互相依存，具有同根性、整体性和平等性。如《庄子·齐物论》说："天地与我并生，而万物与我为一。"儒家倡导"仁民爱物"。如宋代著名哲学家张载说："民吾同胞，物吾与也。"（《正蒙·乾称篇》）他着意强调万物与人为同类，应当推己及物。理学的创始者之一程颢也说："人与天地一物也。"（《河南程氏遗书》卷第十一）而其弟程颐更反复声称，"仁者以天地万物为一体"，"仁者浑然与物同体"，等等。（《河南程氏遗书》卷第二上）汉儒以阴阳五行说大讲天人感应，其间附会于社会历史、政治、人事等方面者多有可探讨之处，东汉著名思想家王充曾尖锐地批判过（见《论衡》一书）。然其被吸收于医学中者，则成了中医认为自然环境与人的健康和疾病密切相关的重要基础理论。中医认为，人与自然的和谐状态的破坏或失调，是人得病的主要原因之一；反之，保持人与自然的和谐，是保证人的健康的重要因素之一。体现于中医的治疗中，则无论是诊断还是处方，都首先参之以时令节气，乃至于严格到选择药材之产地、产时。这种把人类健康与自然环境联系起来的观念，是完全符合事实的科学的理论。同时，这种观念也告诉人们，为了人类自身的健康，必须要全力保护人类赖以生存的地球自然环境。这在当今世界有着十分重要和积极的意义。此外，儒家还有许多关于合理利用自然资源和节约消费的思想，也是值得我们今天借鉴的。例如，荀况把"节用"与"御欲"联系起来，提出人们在生活消费中必须要有"长虑顾后"的观念，而不应当任人之欲。那种"不顾其后",随意奢侈浪费的人,乃是一些"偷生浅知"之徒。① 这是很有深远意义的见地。

佛教提倡"护生",道家主张自然无为,在人与自然的关系上,他们都强调不为不恃、因任自然。这种对自然的态度,就其消极一面讲,诚如荀子所批评的,是"蔽于天而不知人"(《荀子·解蔽》),即忽视乃至放弃人的主观能动性。不过,"因"的思想并不完全只是消极的,它至少包含着这样两方面的合理因素:一是不以主观的好恶或意愿,随意地去违反或破坏自然及其规律;二是主动地去适应不断变化的环境。"因"中其实包含着某种"权变""因时而变"的思想,所以一些道家思想家强调说,"人各以其所知,去其所害,就其所利","故忤而后合者,谓之知权;合而后舛者,谓之不知权。不知权者,善反丑矣"。(《淮南子·氾论训》)这句话的意思是说,看起来与原来的环境不合,却与变化了的环境相合,这叫作懂得权变;相反,就是不知权变。不知权变者,好事也会变成坏事。

以上只是列举了很小一部分中国传统文化中关于保持人与自然和谐关系的思想,然如能灵活地吸取其精神,反思我们今日对待自然的态度,那么对于缓解当前人与自然的紧张对立状态,亦是不无裨益的。

儒家的修身养性理论中的一个重要目标,就是要培养一种与他人和社会群体和谐、协调的道德品格。儒家提倡的"己欲立而立人,己欲达而达人"(《论语·雍也》),以及"老吾老以及人之老,幼吾幼以及人之幼"(《孟子·梁惠王上》)等"推己及人"的精神,至今也还是值得倡导的一种个人品德和社会风尚。

不少人认为,东方传统文化(特别是儒家)忽视(或压制)个性和个人(自我)的权利、价值。这是有一定的历史根据和道理的,但问题并非如此简单。当我们冷静地、深入地思考一下就会发现,在人类社会中,任何一个人都不可能离开他人和群体而存在,自我只有在为他人、群体的奉

---

① "人之情,食欲有刍豢,衣欲有文绣,行欲有舆马,又欲夫余财蓄积之富也,然而穷年累世不知不足,是人之情也。今人之生也,方知畜鸡狗猪彘,又蓄牛羊,然而食不敢有酒肉;余刀布,有囷窌,然而衣不敢有丝帛;约者有筐箧之藏,然而行不敢有舆马。是何也? 非不欲也,几不长虑顾后而恐无以继之故也。于是又节用御欲,收敛蓄藏以继之也。是于己长虑顾后,几不甚善矣哉! 今夫偷生浅知之属,曾此而不知也,粮食大侈,不顾其后,俄则屈安穷矣,是其所以不免于冻饿,操瓢囊为沟壑中瘠者也。"(《荀子·荣辱》)

献中，只有在得到他人和社会群体的认可时，才会凸显出个人（自我）的存在和价值。因此，儒家强调献身群体和社会，并非只是消极地否定自我。相反，如果我们能从积极方面去理解其精神，那么个人对他人和社会群体的奉献，正是实现自我价值、养成完美人格的正确途径。人们以崇敬、仰慕之意，千年不绝地传颂着宋代名臣范仲淹的不朽名句："先天下之忧而忧，后天下之乐而乐。"（《范文正公集·岳阳楼记》）这不正反映了人们对于那些能够把自己献身给社会群体利益的个人的价值的高度肯定吗？不正反映了人们殷切期望社会涌现出更多具有这种品德的人的心愿吗？

目前，不仅在东方，而且在西方，尤其是在那些经济发达的国家，一股学习禅（佛教）的热潮正在升起。许多西方的禅学者已不再像过去那样把禅看作什么"东方神秘主义"了，他们开始注意和研究禅的各种教理与禅的根本精神之所在。学禅打坐不仅能治病健身，调解人体生理上的失衡（这只是对禅的低层次上的了解和作用）；更重要的是，对于那些信禅学禅的人来说，它能在相当的范围和程度上调解人们心理上的失衡。禅学从一个方面揭示了自我的本性，着重揭示了造成人生痛苦、烦恼的主观方面的原因，并且探求了如何让自我从怨天尤人、受命于环境的被动中摆脱出来，而通过自我主动的努力去解除种种痛苦和烦恼，做自我的主人翁，等等。如上所分析的，禅学的这些探求正是现代人精神上最渴望得到的东西。加之禅（佛教）不离人伦日用的世间性格、坚韧不拔的实践精神、自我去缚的解脱主权和当下顿悟的超越喜悦等，禅（佛教）的世界性热潮方兴未艾。

俗话说："人贵有自知之明。"此语源于《老子》第三十三章："知人者智，自知者明。""知人"与"自知"相比较，何者更为困难呢？先秦法家代表韩非认为："故知之难，不在见人，在自见。故曰：'自见之谓明。'"（《韩非子·喻老》）著名玄学家王弼也说："知人者，智而已矣，未若自知者，超智之上也。"（《老子道德经注》）由此看来，他们都认为，一个人要认识自己，比认识别人要困难得多。我完全同意他们的见解。在大多数人中，在大多数情况下，往往就是如此，亦正所谓"旁观者清，当局者迷"。推之于人类自身和客观自然之间，我们可以看到，情况与此相类。也就是说，相对而言，人类认识自身要比认识客观自然困难得多。我在一篇短文中曾经发表过这样一番感慨，我说："人作为万物之灵，对于客观物质世界的认识，大而至于外空星系的宏观，小而至于量子真空的微观，在今天都已达到了相当的深度，并且对进一步去认识它和把握它充满了信心。而与此相比，人对自我的认识特别是对自我精神世界的认识，则还相当肤浅，愚暗不明。至于通过对自我的认识，来自觉地把握自我的精神世界，这对于多数人来说更是难之又难了。"另外，我还提到，人类在认识自然、改造自然的同时，也有一个自我认识的问题。特别是当人类征服自然的力量越来越强大的时候，人类更需要对自我有一个清醒的、正确的认识。然而，这也是比认识自然更为困难的事情，或许还可以这么说，人类至今在自知方面尚不是很明。如上所说，人类依仗着高科技加速了对自然的征服、控制和支配，同时也正在更快速地遭受自然的强烈反抗和报复。在这种紧张的关系中，难道人类不应当认真地自我反思一下吗？我认为，在人与自然的关系中，人是主动的、能动的一方，因此也是关键的一方。换言之，关键在于人类要对自我有一个恰如其分的认识，并由此而进行自觉的自我节制。

人们都知道，一个人的言行是受他的"心"（头脑、思想）支配的，一个人心念的变化会影响到他言行的变化。荀子尝说："天有其时，地有其财，人有其治。"（《荀子·天论》）这是告诉我们，人是参与到天地生养万物的进程中的。而人的这种参与还不是一般的参与，在《礼记·礼运》篇中有这样一句话："人者，天地之心也。"这是告诉我们，人在天地万物中的地位，就像心在人体中的地位。人心一动，人的言行就会发生变化。以此推论，人的心念、行为的变化，也一定会引发天地万物进程的变化。正因如此，人类更应当对自我有一个充分的认识，并由此而进行更自觉的自我节制。

《老子》第三十四章说："大道泛兮，其可左右。万物恃之而生而不辞，功成不名有，衣养万物而不为主。常无欲，可名于小；万物归焉而不为主，可名为大。是以圣人之能成大也，以其不为大也，故能成大。"这段话是很值得细细体会的。我们对于人类的力量和个人能力的认识，是否也应抱这样的态度？人既要能认识自己的大，也要能认识自己的小；要能不以大自居，不以小自卑。然而，这并不是一件容易做到的事。人的自我失落，大都来自然和他人的不融洽、不协调，而其根本则还在于自我本身，即不是由于只见自我之小而妄自菲薄，就是由于只见自我之大而盲目尊大，也就是说，不能恰如其分地认识自我，缺乏自知之明。

《金刚经》说："是法平等，无有高下，是名阿耨多罗三藐三菩提（意谓无上正等正觉）。"这句话也是很可以借用的。如果能以平等心去认识自我、认识他我、认识自然万物，破除各种偏见和执着，将有助于克服自我与他我、个人与群体、人类与自然之间的分离和对立，融自我于他我、群体和自然之中，得自我之"大解脱"。

东方世界走向现代化的进程，应当引起我们对于东方文化的历史反思；通过历史的反思，我们应建立起对于东方文化的自觉、自尊和自信。我相信，随着人们对东方文化了解的不断深入，东方文化将在人们的现代生活中产生越来越广泛和深远的影响。让我们团结合作，共同努力，积极开发东方文化这座宝库，务使东方智慧日进日新，在显示其古老光辉的同时，展现出它崭新的现代风采，为人类更美好的未来做出它应有的贡献。

（原载于《国际汉学》2016年第4期）

东亚现代化与东方文化的历史反思

人们现在所说的现代化，一般指的是从传统农业社会向现代工业社会的变革进程。在世界近代史上，这个现代化进程首先是从西欧开始的，然后扩大到欧洲其他地区和北美。而广大的亚非拉美地区，除日本外，由于遭受殖民主义的侵略和掠夺，直至20世纪40年代后期，第二次世界大战结束后，才先后摆脱殖民地、半殖民地的地位，逐步走上现代化的进程。

东方文化与现代化，特别是东方文化与东方国家现代化的关系问题，是具有重要现实意义、值得加以深刻反思的题目之一。

由于上述历史的原因，东方国家在建设现代化社会的过程中，都遇到了一个向西方学习的问题。

开始时，东方国家主要是为欧美资本主义的"船坚炮利"所震动，以为欧美的强大只是科技上的先进、物质上的富裕，所以当时东方国家的一些进步政治家、思想家的着眼点集中在学习西方的先进科技上，以求富国强兵。如，中国近代著名思想家、政治家魏源提出"师夷之长技以制夷"，其中的"夷之长技"主要指西方国家的先进科技；同时期日本思想家、政治家提出的"西洋艺术"，也是就西方科技而言的。

之后，人们认识到，欧美诸国科技之所以先进、物质之所以富裕，是由于他们进行了政治革命和产业革命，资本主义的民主政治制度有力地促进了这些国家科技、物质的快速发展。因此，人们进而积极宣传西方的"天赋人权"和自由、平等、博爱等思想，鼓吹立宪、开议院，学习欧美政体，推行变法改制。日本的明治维新、中国的戊戌变法都是在这种认识下发动起来的，然而由于复杂的内外原因，前者取得了成功，后者则失败了。

与此同时，人们对东西方文化也进行了多方位的比较，试图从总体文化方面来探求东西方国家间存在强弱差别的原因。由于当时的东方国家大多处于落后、贫弱的地位，而西方一些资本主义国家则是先进、富强的现成榜样，因此，在人们的思想上很自然地会把先进、富强与西方文化联系在一起，从而认为，要改变东方落后、贫弱的状况，就要向西方学习，积极、全面地引进西方文化。而对自己民族的传统文化——东方文化，则视作迈向现代化的严重障碍，给予激烈的批判和否定。所以，在相当长的一段时间里，人们是将现代化与西方化这两个概念画等号的。可以说，所有的东方国家在现代化的进程中，没有不受到西方文化的激烈冲击的。无论在思想舆论导向上还是在社会改革实践中，"西化"都曾是东方国家现代化进程中一股主要的潮流。

在当时的历史环境下，要求用以科学与民主为核心的近代西方文化来改变东方各国的落后现状，应当说是一大批先进的东方人的合理奋斗目标，是一股符合时代要求的进步潮流；而当时人们对东方文化所持的激烈的批判和否定态度，也主要是从其与近代西方文化相比所显现出的强烈的时代差距等方面提出来的，那也是无可厚非的。然而，时至今日，文化上的"全盘西化"论和民族虚无主义在东方世界中还有相当的影响。不仅有一些人还在那里积极地鼓吹，而且从社会现实生活中也可以看到由此带来的种种严重的社会问题，这些已引起了东西方许多有识之士的关注和思考。

其实，近代西方文化远不是完美无缺的，特别是经过20世纪的两次世界大战，以及随着现代高科技的发展，近代西方文化内在的偏颇和弊端（包括民主和科学等方面）日益暴露出来了。同时，20世纪60年代以来，日本战后经济的迅速恢复和发展，以及东亚地区"四小龙"（中国台湾、中国香港、韩国、新加坡）经济上奇迹般的腾飞，显示出了东方国家在走向现代化进程中的某些特色。其中那些与东方文化相关联的特色，已经引起了世界各国、各地区的政治家、思想家、科学家的广泛重视和研究。因此，在今天的历史环境下，很有必要对东方国家在现代化进程中如何合理地吸收西方文化、如何正确地对待自己民族的传统文化等问题，加以深刻的历史反思。

历史的反思并不是要人们去纠缠于那些历史的陈年旧账，也不在于简单地去判清那些历史上的是是非非，而是要人们从中找寻出现在和未来前进的道路和方向，并根据现实进行新的探索和规划。根据当前东亚地区在现代化进程中所取得的经验和所遇到的问题，在如何对待东方文化的问题上，我认为有许多方面是需要人们去认真探索和规划的。

在当今信息时代，东西文化之间的交流以及相互吸收、融合，已成必然趋势。而与此同时，文化多元化意识和寻求保存不同民族、地区传统文化的特质的寻根意识也在不断地加深。我们既不应因融合而抛弃民族传统文化的特质，也不应因保存民族传统文化的特质而拒绝交流、吸收和融合。对于这两种时代的趋势，无论是东方人还是西方人都应当在认识上和行动上有一种自觉。如上所述，近代以来，由于历史的原因，在相当长的时期里，许多东方人在文化问题上产生了一种偏见，即对西方文化盲目崇拜和对东方文化自惭形秽。因此，对于东方人来说，提高对于东方文化的自觉，尤其具有重要的意义。

首先应当纠正把现代化等同于西方化的偏见。这种偏见主要是由有些人只强调东西文化之间的古今差别而造成的。其实，东西方文化之间有许多方面的差异，特别是某些思想观念和方法上的差异。两者的差异反映了人类文化形态的丰富性、多样性，是不能完全用古今差异来概括的，它是不同民族在长期的历史发展过程中形成和积淀起来的文化差异。这两者同是人类文化宝库中的宝贵财富，它们相辅相成，互补互进，而不应当强分优劣和高下，是一非一，存一去一。

20 世纪 30 年代，在中国文化思想界曾经发生过一场关于现代化与西方化、中国本位文化与西方文化关系的大争论。其中有些观点是值得我们在今天借鉴的。例如，当时有不少学者就明确指出，"'科学化'与'近代化'并不与'欧化'同义，所以我们虽科学化、近代化而不必欧化"。或者说，现代化不等于西方化，"现代化可以包括西化，西化却不能包括现代化"。他们认为，就中国的现代化来说，简要地讲，既要"将中国所有、西洋所无的东西，本着现在的智识、经验和需要，加以合理化或适用化"，同时也需"将西洋所有但在现在并未合理化或适应的事情,予以合理化或适用化"。这种强调不论是对中国文化还是西方文化,都应本着"现在"的立场去加以"合理化或适用化"的思想,即使在今天也还是有启示意义的。又如,当时也有相当多的学者已强烈地意识到在中西文化的交流和融合过程中保持民族文化主体自觉的重要性。有的学者讲:"一个民族失了自主性,决不能采取他族的文明,而只有为他族所征服而已。"所以,只有"恢复中国人的自主性,如此才能有吸收外族文化的主体资格"。有的学者则说:"没有本位意识,是绝对不可与外来文化接触的。"他们提出了在文化上应坚持"不忘自己""为的自己"和"不独化、不同化"的原则。"不独化"是说,"我们应该了解世界生活和世界文化的相关性,不可闭关自守的企求复古";"不同化"是说,"我们应该尊重我们独立自尊的文化与民族,不可在与欧美文化接触之时,便为欧美文化所同化"。总之,在文化问题上,"自大心是不可有的,自尊心和自信心却是绝对离了不可的。盲目的保守固然危险,随便乱化也是笑话"。这些论说体现了一种现实的态度、一种坚持以民族文化为主体的独立自强精神,也是我们今天所应当坚持的。

近代西方文化之所以相对先进于东方文化,是因为它经过欧洲文艺复兴、启蒙运动等几个世纪的艰苦变革,实现了从西方中世纪向近代化转变的缘故;而并不像有些人所胡诌的那样,说它自古以来就先进于东方文化。因此,同样地,东方文化只要经过艰苦的变革,实现向现代化的转变,是能够与西方文化并驾齐驱的。这是我们东方人文化自觉的一个重要方面,即应当积极地、自觉地去做使东方文化向现代转化的工作。

凡是不带偏见的人,都能看到东方文化中蕴含着大量人类智慧的精华,它不仅对世界古代文明的发展做出了巨大的贡献,而且还将对今日世界和未来世界的文化建设做出更大的贡献。

以医学为例,事实和历史的发展证明,中医、中药绝不是"一种文化落后的民族的产物",相反,它们是东方文化中一笔极为珍贵的财富。中医、中药也不是"绝对没有资格和科学的医术抗衡"的,相反,它在许多方面比所谓的"科学的医术"更具科学性。目前,中医、中药的实际医疗效果已得到了世界的普遍承认，中医、中药的理论也引起了世界上越来越多的科学家的研究兴趣。通过中西医的结合和运用现代科学方法、技术手段，中医、中药的实践和理论中包含的科学内容正在不断地被人们所发现和认识。中医、中药的实践和理论已经开始并且正在迅速地向现代化转化。现在可以断言，中医、中药不仅不会被淘汰和消灭，相反将得到积极的肯定和发展。同时，可以相信，与此相类的其他东方传统医术，如中国的藏医、印度的医明、日本的和医等，也不会被简单地淘汰和消灭。在积极吸收现代医学理论、方法、技术后，其中的精华必将得到发展，而形成现代藏医、现代印度医明和现代和医。

又如，传统东方文化的认识论和方法论（以中国的儒、释、道为例）比较侧重个体经验的体认和直接把握、事物之间的联系和整体直观，而缺少理性分析和概念推理。因此，当近代西方自然科学中的实证方法，以及哲学中的理性主义、逻辑分析方法等传入东方后，在一般人的心目中，也似乎只有实证的、理性的、分析的才是唯一科学的认识和方法；而一般人对传统东方文化的认识论和方法论，则予以严厉的批评和否定。不可否认，缺少实证、理性、分析是传统东方文化的认识论和方法论中的一大缺陷，但并不能由此断言，个体经验体认和整体直观的方法就只能被否定。事实上，对这方面的问题，在理论上至今还没有一致的意见。同时，随着现代科学的日益深入发展，人们已开始明显地感觉到，实证和分析的方法也不是万能的，它也存在着一定的局限性，而带有强烈随机性的体认和直观的方法也并非一无是处。目前，东方人的思维方法已引起广大自然科学家和人文科学家的浓厚兴趣。可以相信，传统东方文化中丰富的有关体认和直观思维方法的资料，经过选择和改造，定将转化为发展现代思维科学的有益养料。

传统文化在现代转化中具有多方面的发展和应用的可能，并不是固定的、单向性的。也就是说，原来发生或应用于某一方面的理论、观点、原则，经过改造和转化，并不一定必须或只能应用于原来的范围，而完全可以灵活变通，推广到其他领域中。在东方文化的宝库中，有丰富的协调各种人际关系的伦理理论和原则。在剔除其中的封建糟粕后,有许多伦理原则和道德规范还是适用于现代社会的人际关系的。这些原则对于当今一些发达国家中,一切以物质利益为中心而造成的冷漠的家庭关系和社会关系,可能会起到一定的改善作用。同时,这些伦理理论和原则也可以推广到其他方面去。如目前,在东亚的日本、新加坡等国,他们借用《孙子兵法》中的军事理论和原则,融会《论语》中的伦理理论和原则等,将其运用于现代企业的管理和经营中,已取得了显著的成绩。有关这方面的经验是十分值得重视的,其中体现了浓厚的东方文化的色彩,提供了东方文化向现代化转化、为现代化服务的有力实例,因而它同样也引起了东西方世界的广泛瞩目。

(原载于《企业导报》2006年第5期)

传统文化教育要"契理契机"

在中央的倡导下，全国正在进行轰轰烈烈的中华优秀传统文化教育传播。从幼儿园到大学，再到社会各界，都在关注中华优秀传统文化。

时代在前进、在变化，传统文化教育在当今应该怎样进行？佛学经典中有一句话，叫作"契理契机"，有助于我们理解这个问题。

传播传统文化要"契理"，"理"就是传统文化根本的道理和精神，这是我们要传播的。

"机"有两个含义，一个是根机，一个是时机。"根机"是说，学中国传统文化的人有不同的情况，有不同的根机。我们不能否认，人与人之间是有差异和不同文化背景的。孔子有一句话，叫作"有教无类"。对"类"的解释，我们现在讲得比较多的就是社会阶级的不同。"有教无类"就是说，不管他是有钱的还是没钱的，不管他身份如何，我们都要对他进行教育、教化。这个含义有没有呢？我想是有的。但是当年孔子讲"有教无类"，"类"主要指人与人之间存在资质的差别，而不是讲金钱的差别。就是说，有的人可能聪明一些，有的人可能笨一些，不管是笨的还是聪明的，我们都要进行教育。人的根机不同，教育的方法就要不一样，这就叫作"因材施教"。不能用一种标准化、规范化的方法去讲，因为有的人听得懂，有的人就听不懂。必须根据听众的根机，对他讲他能听得懂的内容，否则就叫作"对牛弹琴"。"对牛弹琴"显然不是在讽刺牛，而是在讽刺对牛弹琴的这个人，因为他不看对象乱弹琴。所以，传统文化教育要有契机，既要有教无类，也要因材施教，这两方面结合在一起，才能够适合听课人的根机。

契机的"机"还有另外一个含义，就是指时代、环境。时代变了，我们传播传统文化也应该有新的方式，不能因循守旧。张载曾经讲过，"守旧无功"。意思是，一味守旧而不能契合这个时代是没有意义的。我认为在现在这个时代，让小孩子直接去背"四书五经"，那就是不"契机"。古代人背"四书五经"，长大以后到社会上能应用得上，可以和人交流。可是我们现在让小孩从小就去背"四书五经"，恐怕只会增加他的困惑，到社会上他也难以与人交流。我们不要简单地去背诵那些传统文化的章句，而是要把握它根本的精神。不仅要把握它根本的精神，而且要去实践它，将它落实到生活中去。或者说，它至少能够对我们现在比较浮躁、功利的时代起到纠正、补充的作用，让现代人能够走出个人名利的争夺，更多地奉献社会。

比如，如果能够把《周易》坤卦讲的"敬以直内，义以方外"参透了，并且去实践，那么就可以说学到了传统文化的一个精髓。这句话的意思是说，我们要用恭敬心、敬畏心来规范我们的内心，要以"义"（合宜、恰当）来规范、约束我们的言行举止。

我曾经用四个词概括中华传统文化的特点：一是源远流长，二是多元包容，三是博大精深，四是丰富多彩。我特别想强调第二点，多元包容。中国的传统文化是多元包容的。我们经常讲儒、释、道，我曾经讲过，"三教"怎么能够很好地结合起来？学了儒家拿得起，学了道家看得开，学了佛家放得下。如果一个人能够做到拿得起、看得开、放得下，我想他就是一个快乐的人、幸福的人。

最近我还提炼了"三不"的概念。第一个是"不苟为"，不要苟且为之，做人不能苟且。荀子在《不苟篇》里说："行不贵苟难，说不贵苟察，名不贵苟传。"意思是说，我们不要去做那些苟且的、不应当做的事，做人应当"不苟"。那么应当怎么做呢？荀子接着讲，"唯其当之为贵"，即要做到当做的、恰如其分的事，这才是最根本、最重要的。所以说，我们学儒就应当学"不苟为，唯贵当"。

第二个是"不刻意"，什么事情都不要刻意地做。《庄子·外篇·刻意》的第一句话就是"刻意尚行"，意思是说，有些人专门去做那些特别的事，以显得自己很清高。后面他还分析了各种刻意为之的事情和行为，让我们不要刻意而为之。做人不能刻意为之，应该顺其自然。

第三个是"不执着"，这是佛家的一句话。大家也常常会因为这句话去批评佛教，认为做事要执着才能够做好。其实佛教不是反对执着，而是用精进来替代执着。"精进"就是无分别，什么事情都要努力去做。"执着"就是有分别心，所以才有这样、那样的痛苦。如果什么事都能"随缘""精进"地去做，我想这个人一定是快乐、成功的。

这是最近我的一点体会：做人要做到这"三不"——"不苟为""不刻意""不执着"，也要"唯贵当""顺自然""且随缘"。

面对当前的时代，我们怎样传播中华优秀传统文化，需要深入研究。

（原载于《中国教育报》2016年7月7日）

传统文化的误读与重建

问：楼老，您在传统文化研究方面是著名的专家，请问您是怎样走上中国文化的研究道路的？

楼宇烈：应该说这与中学老师的影响有关。上中学的时候，我的语文老师、历史老师，他们的授课对我有很大的影响，从此我就对中国的历史和文学产生了兴趣。当然，我也很喜欢数学、物理和化学。所以我高考的时候也一度很犹豫，因为很多朋友都报考了理工科。那个时候考文科的比较少，考理工科的则较多。他们也劝我考理工科，但我对文科也有兴趣。当时哲学系的招生简章上有这样一句话吸引了我，它说哲学"概括了自然科学和社会科学"。我觉得这个比较符合我的一个想法，所以我第一志愿报考了北大哲学系。来了以后，我感觉哲学系确实是对文理两方面都很重视的。

从哲学史方面来讲，中国哲学的课程是整整两年、四个学期。自然科学方面的课程也很多，比如高等数学就上了一年。物理、化学课都是由著名老学者来讲这门学科当中最前沿的问题。在这个学习过程中，我渐渐对中国哲学产生了更大的兴趣。毕业前的一年，作为学生，我参与了一个"向科学进军"的科研项目。那时候规定我们年级要编写一部《中国现代哲学史》，分配给我的任务是搜集资料。在接触这些工作的过程中，我对中国文化越来越有兴趣。当时整理的是现代（按当时的说法就是"五四"前后到1949年以前）哲学史，那段时间正是中西文化激烈交锋的时候，故而看到的中国文化并不都是糟粕，也有很多精华。通过这项工作，我对中国传统的东西兴趣就更大了。留校后我被分配到中国哲学史教研室，参与中国哲学研究，但留校不久就被下放到农村。一年后，由于赶上教育部、中宣部提出要编文科教材，我又得以回校参与中国哲学史的编写工作。那时我担任助教，主要负责资料搜集工作。在这个过程中，我也得以接触和阅读到更多中国传统哲学方面的东西。同时也接触到了时任编写组主编的任继愈先生。那时我一方面做编写组的资料员，一方面也担任他的助教。

任先生当时在学校里开设了佛教课程。由于为任先生担任助教，我对佛教的兴趣和思考也越来越多。当然，当时的现实很特殊，大约三年之后政治运动就起来了，先是"四清"，接着又是"文革"，这一下子十多年就过去了。"文革"结束以后，当时兴起了一股"文化热"，或者说一场文化大讨论。事实上这场文化大讨论由三方面组成：传统、马列主义、西方。我记得当时讨论比较热烈的一个问题是：我们这些年的政治运动、文化灾难的祸根究竟在传统文化，还是在马列主义呢？那时候人们的思想比较活跃，西化的倾向很明显，否定马列主义，也否定传统。所以学界提出了蓝色文化和黄色文化，也就是海洋文化和黄土地文化这样一个命题，最典型的例子就是《河殇》。那时很多人认为中国文化是黄色文化，黄色文化是一种封闭性的文化，而海洋文化则具有一定的开放性，由此认为中国文化是一种缺乏更新机制的文化，要彻底地否定掉。这与我的看法就很不同。从历史上来看，中国文化处在不断的自我更新中。从先秦开始，我们的哲学内部就有各派，后来又有佛教文化的融入；唐代即是我们最开放的时代，西方文化那时候也参与了进来，比如6世纪时基督教和伊斯兰教就都进入了当时的中国。各种艺术形式我们都能够包容并吸纳，这恰恰说明中国文化有一种巨大的消化能力。我们对其他文化不是简单的排斥，也不是简单的照搬，而是经过了我们自己的消化，融入我们自己的肌体当中，从而丰富和发展了我们自己的文化。

此外，原来我研究中国哲学，最感兴趣的是两段：一是魏晋玄学，我觉得那是中国文化思想最活跃也最有创造性的时期，很大程度上奠定了此后中国文化、艺术的特性；再就是近代这段时期了。近代我们强调向西方学习，而在这种学习中我们一直强调以自我为主体去吸收。早在20世纪30年代的时候我们就明确提出了这样一个说法，叫作"现代化不等于欧化"。所以，中国文化的主体性一直是我关注的问题。

问：您是如何看待传统文化在现代化中的作用的？我们一直在寻找我们自己文化的"根"，您觉得我们在现代化进程中应该怎样去寻找这个文化之"根"？

楼宇烈：对于传统文化，我们首先要了解它。在年轻人当中，甚至我这一辈人中，对我们的传统文化有大概了解的也不是很多了。而在这有限的对传统文化的了解中又有很多是被曲解的，更多的是以讹传讹、道听途说，没有真正地理解传统文化的精髓。所以我想，对于传统文化要有一个了解。首先要认同它，认同了才能了解，了解之后才能够去辨析。

在相当长的一个时期内，我们认为文化的差异是时代的差异，西方文化是工业文明的文化，中国文化是农业文明的文化，所以这是两个时代造成的文化差异。如果是这样，我们当然要抛弃旧的，迎接新的。但是这里面呢，文明是有阶段性的，而文化则是积淀的，积淀之后就有了一些超越时代的特质。农业文明积淀下来的文化并不一定随着农业文明的结束而结束，所以首先要明确，文化是一个不断积淀的东西，具有超越时代的特性。其次，文化还存在类型上的差异。不同的文化类型由于生发于不同的文化土壤，因此在价值观念和思维方法上、在生活样式和信仰习俗上也有不同的体现。如果我们能看到这些不同，那么文化的差异就不简单地是一个好坏或者优劣的问题，而是一个互补的关系。文化经历了积淀，逐渐形成民族精神或者民族心理，等等，这些都是很难人为抹掉的。尽管我们或许试图抛弃这种文化，但是由于文化积淀而埋在我们民族灵魂中的种子却是很难被抹掉的。我举一个最简单的例子，比如，在中国人的生命观念里，生命是一代一代传下来的。个体生命有生有死，但是个体生命终结了，族类的生命却永远不会终结。也就是说，父母通过子女延续了自己的生命。这与西方人的生命观就很不同。西方人认为每个个体都具有独立性，生由"上帝"，死后"升天堂"或者"下地狱"。西方人的观念里没有延续性的生命，每个个体都是独立的。所以，中国人很强调血缘关系，而西方文化很少强调这个。在他们看来，如果要讲血缘，那就跟"上帝"有关，人人都是"上帝"的子女，大家都是平等的，都是兄弟姐妹的关系。中国人则不同，中国人非常强调这种血缘关系，包括在财产的继承方面——父亲欠下的债，子女有责任还。这皆来自这种对于生命的观念。在西方，这种父财子用、父债子还的观念就变得匪夷所思了——父母欠的债为什么要子女来还？当然，父母的财产也不一定让子女来用。"五四"时期批评最激烈的就是宗法血缘观念和宗法血缘制度，可是我们现在一张口就是"血浓于水"，可见这种观念是根深蒂固的。我常和青年人开这样一个玩笑，我问："父债子还，你认不认同？"学生回答："不认同，父母欠下的债和我没关系。"我又问："那么，父财子用，你认不认同？"学生回答："这我认同。"那好了，权利和义务不就形成矛盾了吗？人格不就分裂了吗？因为"父债子还"和"父财子用"其实是统一的，这体现了权利和义务的统一。可能我们现代很多人都处于这么一种矛盾的状态，这就是一个文化的问题了。所以你必须要有一个主体，要享受这个权利就一定要认同这个义务。

问：您刚才提到"主体"，那么在当代构建中国特色社会主义文化核心价值的过程中，您认为传统文化应该扮演怎样的角色？我们应当怎样充分利用传统文化的资源？

楼宇烈：我认为传统文化应该成为这个文化核心价值构建的主体。所谓"特色"，就应当体现在我们自己的传统文化上。当然，文化价值观念并不是一成不变的。文化价值观念应当有一个主轴线，而我们当下的价值观念则是混乱的——因为价值观念有的时候很难说这个就一定对，那个就一定错；也不好说这个是先进的，那个就是落后的。比如，表现在礼节上面，现在有人认为行跪拜礼是奴才相的体现。但其实这不一定，这是一个文化习俗的问题。西方人鞠躬，或者单腿跪拜，有人认为这就是礼貌。中国人没有这个习惯，见面拱拱手，再郑重一点的礼节就是跪拜，甚至是三跪九叩。这是一个礼俗的问题，没有高低贵贱的差别。如果这种礼俗习惯真的存在贵贱的话，那印度人的最高礼节是俯下身子去吻你的脚，又怎么解释呢？另外，有人认为我们的礼俗不行，要改，但礼俗却不是想改就改的。这其中有一个社会共识的问题，需要一个过程。比如我们现在跪拜礼就少了，鞠躬礼多一些，但最郑重的礼节仍是跪拜，常见于拜师。所以，不能说行跪拜礼就是奴才相的体现。在文化的认同上，有很多问题是不清楚的，或者说是模糊的，这需要我们逐步来澄清。

问：这需要我们对传统文化有一种更清楚的认识？

楼宇烈：对，要有一个更全面的把握。我经常举的一个例子是，现在中国人对三纲五常，尤其是对三纲最不能认同，好像这个"纲"就是必须绝对服从的意思。我觉得不是这样的。首先我们要改变对"纲"字的理解。

什么叫"纲"？"纲"是指纲要。只有纲举，目才能张。所以我们说"君为臣纲，父为子纲，夫为妻纲"，是说君、父、夫处在"纲"的地位。在"纲"的地位就要起一个榜样的作用，你怎么做，人家就跟着你怎么做。所以这不是对你的权力的肯定，而是对你的责任的要求。可能我们很多人不理解这个意义。另外，传统文化是不是要盲从呢？过去讲"君要臣死臣不得不死，父要子亡子不得不亡"，这个被看作中国封建社会的糟粕，在儒家正式的讲述里面是不是光有这一边呢？其实还有另一边，《荀子》里面就讲得很清楚："从道不从君，从义不从父。"在《孝经》里面也有这样的说法，国有诤臣，如何如何；家有诤子，如何如何。这个诤就是要跟你争，不是盲从。所以我们现在对传统文化的一些宣传是一种取己所需的做法，这使得大家并不了解全面的传统文化。要不然我们历史上怎么会出现这么多诤臣、直谏之臣？明代有最厉害的"廷杖"，皇帝一听谏言不高兴，当场就把你打死。诤臣被打死也不怕，抬着棺材我也要来见你。我们现在还能看到这样有骨气的人吗？没有了。所以历史文化不能以偏概全。就像马克思主义辩证法一样，历史的现象都可以用各种理由来给它一个解释。所以我们需要更全面地了解我们的传统。

问：楼老，您对现在的"国学热"是怎么看待的？这对加深我们对传统文化的认识有什么帮助？

楼宇烈：一开始"国学热"流行的时候，我觉得可能有点炒作，当然现在也不是一点炒作也没有，但是慢慢地我发现这个时代的文化思想方面确实引起了很多人的反思。为什么呢？我们经济发展到一定程度以后出现了很多的社会矛盾，其中一个是人的道德品质的滑坡，人对自己应该做什么样的人都不清楚。我们在传统文化里面看到更多的是让你学会怎么样做一个人、怎么样做一个真正的人。这是一个问题。另外，我发现很多企业家都关注国学，虽然一部分人很明显是赶时髦，但也有一些人有切身的体会：他们学习并应用了一段时间西方的管理模式之后，发现出现了很多原来没有想到的问题，西方的模式和中国人的心理碰不上头。所以他们就来思考，中国文化的传统究竟是怎么样的？怎么样借鉴外来的东西才能更好？所以他们对传统文化产生了很大的兴趣。现在我接触到的很多很大的国有资产企业，它们的管理者都在思考这些问题，都在强调文化建设。我曾经给一些大型企业讲过这个问题，比如中国航空工业集团，它是一个在全国拥有四五十万名员工的大企业；比如中联重科，也是一个大型企业；比如说中国石油塔里木油田公司总部。这些企业都在思考这个问题：怎么样在企业里面开展文化建设？关键是人的自身建设问题。这都说明这些企业在思考这些问题了。我们经济发展到一定阶段以后，文化问题就突出了。如果经济进一步发展下去，我们仍找不到文化的根的话，那么企业如何再发展，最后企业的经济利益落到哪里去，都是问题。中国航空工业集团的总经理曾经写过一本书，叫作《再造魂魄》。这本书讲的就是我们民族的工业，不管是国有的还是民营的，如果失去灵魂的话，就是在给其他的国家打工。他还说，再怎么样的全球化，利润不会全球化，利润总是要回到它自己的土壤中去的。他特别指出，改革开放以后，我们很努力地创造了很多民族品牌，可是我们一加入WTO（世界贸易组织），通过努力打拼出来的民族品牌就一个一个被外国的企业吃掉了。所以他特别强调，我们的企业要有一个民族的魂。民族魂怎么铸造呢？那就要通过我们自己的传统来铸造，我们要认同我们是一个中国人。这些企业都是立足在中国土壤上面的，要有中国文化自己的特色，要不然最多也就是给人家打工，成为人家文化的附庸。

问：佛学作为中国文化的一个重要组成部分，想请问一下您对佛学的研究兴趣是怎么形成的。

楼宇烈：其实我是在研究中国哲学的过程中，越来越发现佛教就在我们的哲学思想里。另外，可以说，在隋唐以后，离开佛教你就讲不清楚这些传统思想的深刻内涵。你说理学都是儒家的，但是它的很多观念都是吸收了佛教的思想才形成的。比如说"理一分殊"的观念、"人人一太极，事事一太极，物物一太极"这种观念，都是将佛教的理事关系用到儒学里面去。所以如果讲儒家的思想，就不能只是讲先秦儒家——根本不是这样。有的学者讲，没有佛学加入我们的文化，那么唐宋以后的中国文化是要重写的。当时我就觉得，了解佛教文化对了解中国文化，尤其是中国文化里面深层的东西来说，是不可或缺的。我曾经和同事一起编写《中国佛教思想史》，在《选编前言》里面我就讲，如果我们不懂得中国的佛教，我们就很难了解和研究中国的哲学、文学、艺术，甚至中国的建筑，等等。"文革"结束以后,我做了一件最重要的事情,就是参与编纂《中国佛教思想资料选编》。

问:这是20世纪70年代的事情?

楼宇烈:不是,是"文革"结束以后,20世纪80年代初开始的。因为在这以前的很长时间里,宗教问题是禁区。虽然60年代的时候,任继愈先生还在北大全校开了佛教方面的选修课,我还做过助教,但是宗教问题整个来讲是禁区。许多宗教书籍,比如《大藏经》,在北大里面有,但很多大学里面根本就没有这种书,甚至寺庙里面都没有,寺庙里面就算有也都被烧了。所以那个时候急需宗教研究,于是我们就编了《中国佛教思想资料选编》。当时这本书还是起了一定作用的,甚至对日本的佛教研究也起了一定作用。当然现在就不一样了,现在很多寺庙都有好几套《大藏经》,很多图书馆也都有了。中国历来都讲,"以儒治国,以道治身,以佛治心",儒、佛、道三家结合是中国人安身立命之依据。儒、佛、道并不是走向对立的,而是"我中有你,你中有我",但又都是"你是你,我是我"。我觉得中国文化这种以自我为主体广泛吸纳,又能相互容忍、相互尊重的这个传统在世界上是非常了不起的,因为西方文化中都是对立,都是排斥。

问:刚才您提到儒、佛、道三者的合一,自汉代起,儒、释、道三教合一是中国传统文化的主流,但是这在当代社会或者说近现代社会是否已经发生了一些变化?

楼宇烈:应该没有。刚才我漏讲了,这跟我研究近代中国哲学也有关系。近代中国哲学离不开佛教,近代这些大家,从康有为开始,到章太炎、谭嗣同、梁启超,他们都受到佛教很大的影响。其中一个很大的原因,也可以说是历史的原因,就是在近代儒家受到冲击的背景之下,传统文化到哪里去了?答案是佛教。这时期的思想家都有两重性,一方面接受新的东西,很热烈、很迫切;另一方面,他们受过传统文化的教育,对传统的依恋心理也很强烈。他们不能完全抛弃传统文化,也不能全盘接受传统文化,尤其是儒家。大部分人对儒家形成了一种抵触心理。那么怎么来实现对传统的依恋呢?佛教就是最好的一个领域。最典型的人物就是吴虞,胡适称他为"只手打倒孔家店的四川老英雄",他是批判宗法血缘制度最厉害的一个人。他可以说是彻底否定儒家,但在自己的生活中又离不开传统的慰藉。

儒家被打倒了，但是他在自己的宿舍里面摆了一个佛龛，这是一个最典型的例子。还有鲁迅，其实佛教对鲁迅的影响也很大。他为了给他母亲做八十岁大寿，专门捐资刻了佛经。有一段时间，他还专门托人买很多佛经，这在他的日记里面是可以看到的。鲁迅还手抄《嵇康集》等传统典籍，这都说明他一方面求新，另一方面却又恋旧。所以其实这些人都有他的两面性。儒家被批得体无完肤，佛教是他们恋旧的寄托。梁启超做了很多中西方哲学的比较、佛教和西方哲学的比较，他是非常推崇佛学的。章太炎公开提出要以佛教为国教。这个思潮当时非常流行。所以在近代哲学思潮中，佛教的影响是非常明显的、躲不过去的。1949年以后，佛教又因唯心主义、有神论而被排斥了，所以学校里面没有讲佛教的课。1949年以前，大学里面有很多佛教的课程。北大就有很多讲佛教的，从梁漱溟开始，到后来的周叔迦等先生都讲过。1949年以后，汤用彤先生也没怎么讲。后来任继愈先生之所以讲，是因为任继愈先生写的几篇批判胡适的禅宗研究的文章被毛主席所肯定。毛主席讲，现在研究佛教的也是凤毛麟角了。于是他开始注意宗教的问题，让任继愈先生去筹组世界宗教研究所。从那以后，任继愈先生开始讲一点佛教了，但也是批判地讲。

问：在建构中国文化主体性的过程中，您觉得佛学应该发挥怎样的作用？

楼宇烈：我觉得中国的佛教和印度的佛教不完全相同。中国的佛教已经适应了中国文化的土壤，进行了一些调整，也有不少发展，它是很关注现实的。当然，笼统地说，我们讲的是大乘佛教。要说大乘佛教和原始佛教的差别，比较明显的就是后者更侧重规避现实、逃避现实。大乘佛教则侧重面对现实，去转变现实，所以它应该和现实社会的道德要求、道德观念比较协调。中国佛教强调，要学佛就要先学会做人，人要行善积德。这跟整个佛教传统也有关系，所以我们完全把佛教看成出世的、只讲个人解脱的是不准确的。其实佛教非常关怀现实，特别是中国禅宗更具有这个特点，"佛法在心中，不与世间绝"，它强调佛法就在世间。比如近代太虚大师有一句"仰止唯佛陀，完成在人格；人圆佛即成，是名真现实"。你敬仰佛祖，但是要完全大成主要在于你个人的人格方面的培养，人格完美了，你就是佛了。这是在现实中能够看到的。在现在这个情况下，我认为佛学应该承担起更大的传承与发扬中国传统文化的责任。为什么这样讲呢？一方面，它已经与中国儒、道文化融为一体。尽管它有自己的特色，但是它并不排斥儒、道的价值观念，甚至把儒、道的价值观念作为其价值观念的一部分来弘扬。另一方面，也是更为重要的一个方面，从儒、道、佛三教的现状来看，儒教在现实社会中已经没有载体了，即使有一个个孤零零的儒生，希望能够恢复儒教地位，但是没有社会代言人。而佛教有佛教协会，它有载体，比如寺庙。儒生搞搞书院也只是私人行为，影响很小；而佛教现在还有很多出家人在那里主持，可以说有一个专业队伍吧。儒生没有这个队伍，也没有载体。经济力量更不用说了，佛教有那么强的经济实力。所以我觉得，佛教应该能够担负起更大的传承和发扬中国传统文化的责任。我们对于宗教不要做简单化的理解，我们可以从各个角度对宗教进行定义，从其社会功能和社会价值方面来讲，它起着教化或者说弘扬价值观念的作用。佛教本身提出的口号是"上求菩提，下化众生"，它有这种教化作用，所以应该发挥它的作用。

问： 在当今生态文明建设中，佛教可以和应当发挥怎样的作用？佛教的哪些资源能够与当今社会与时俱进？

楼宇烈： 佛教文化在生态文明建设中可以发挥很大作用，因为佛教主张"护生"。我一直跟佛教界讲，我们不要强调"放生"。放生是做功德，是功利在内，而且过分放生会造成新的环境破坏。现在放生已经成为一个链条了：要放生，就要有东西放生，所以你要去买鱼、乌龟等；而有些人为了卖给你这些东西，就去捕。你放的是别人捕的，放的目的又是为自己积德，使自己将来能得到好报。这样去做，功利得很。而且如果你把买来的蛇都放到一个林子里去，那么这个林子里的生态就被破坏了。现在已经发生过很多这种事情了，有些地方，蛇放得太多，就很难进去了。所以我认为不要过分强调"放生"，而是要"护生"。这是真正的佛教思想。"护生"是爱护生命，不是弄一些生命来放一放，做做样子，而是你见到这个生命就应该爱护它，让它好好生存。"护生"才是真正的生态思想，你随时随地都要"护生"。其实过去也提"以护生为主"。我不知道你们是否熟悉丰子恺先生，他是弘一法师的弟子，他画了五大本画册，都叫"护生画册"，不叫"放生画册"。所以我觉得应该提倡这个东西。另外，因为佛教有"护生"思想，它对一切生命都很爱护，所以寺庙周围的环境都很好。"天下名山僧占多"，它选择得好，保护得也好，这是真的爱护。很多寺庙都是环境优美的地方，当然现在也面临很多危机。如果把寺院变成旅游景点，就麻烦了，不要说周围的环境，寺院本身也会遭到很多的污染。我想，从佛教的教理和实践方面，都有历史可以证明它是适应生态文明建设理念的。

问：可否请您简单介绍一下昆曲的历史，以及现在如何传承历史悠久的昆曲文化？

楼宇烈：从其形成来讲，昆曲已经有六百多年的历史了，它是在原来的一些唱腔的基础上形成的。昆曲最早是一种唱腔，即歌唱的一种腔。当时流行的有很多声腔，比如弋阳腔、海盐腔、余姚腔、昆山腔（昆腔），等等。昆腔是这四大声腔里面的一种。经过明代中期魏良辅改造，昆曲变成了非常细腻的东西，所以当时叫"水墨调"。开始的时候，昆腔还是一种清唱的曲调。比魏良辅稍晚有个叫梁辰鱼的人，他看到了昆腔的优美，就写了一个剧本叫《浣纱记》，讲西施和范蠡的故事。《浣纱记》用的曲调就是昆腔，这大概就是昆曲在舞台上表演的开始。后来昆腔越来越得到认同，过去的元曲、元杂剧的一些作品，包括明代一些著名戏曲家的作品也开始改编成昆曲。比如汤显祖的"临川四梦"并不是为昆曲写的，后来它被改编成昆腔的唱法。当初改编得还不协调，因为最初不是根据昆曲的曲调来写的，经过很长的一段时期，它才慢慢成为昆曲的经典剧目。这是一个历史的发展过程。清代康熙、乾隆年间，昆曲达到鼎盛时期，即所谓"家家收拾起、户户不提防"。在这个过程中，昆曲所用的剧本都是文学史上能够流传下来的剧本，也就是说，是文学价值很高的剧本。经过反复的琢磨，昆曲的唱腔也越来越精细，再加上身体的表演，应该说昆曲集文学、音乐、表演于一体。不只是这个结合本身，而且昆曲在怎么谱曲、怎么唱曲、怎么表演、怎么写剧本等方面都慢慢进行了很多理论上的创新和探讨。我们有时讲世界上有几大戏剧表演体系，它们的代表人物有斯坦尼斯拉夫斯基、布莱希特、梅兰芳等。梅兰芳的表演体系其实就属于昆曲的体系，他自己也承认这一点。所以我们现在应该努力来保持昆曲的传统。当然，我们现在无法回到明代，也无法回到清代康乾时期，但我们在20世纪40年代左右，还有一个昆曲的高潮，至少这个时期的昆曲传统是我们可以保留和继承的。而且我们需要保存的不是一个方向，而是两个方向，因为昆曲历来都是清工和戏工并传的——一个是在曲台上清唱的，一个是在舞台上表演的，这两个在历史上是并存的。但是由于后来尤其是1949年以后，昆曲被看作文人雅士的东西，是落后的，也就没有能够很好地发展，昆曲就慢慢没落了。虽然之后又有一个恢复的过程，但这些老曲目都已经凋零了。1949年以后，我们把专业的地位提高到业余的之上，原来业余的地位高于专业的，专业的向业余的讨教，现在反过来了，业余的都向专业的请教。这个是很不相同的，因为业余表演是自娱自乐，可以慢慢地来欣赏，慢慢地来琢磨怎么唱更好，它不用去适应别人的需要；专业的舞台表演就不一样了，它要去适应观众。就像我经常讲的，文言文和白话文本来是可以并存的，为什么要取消文言文呢？这是一大损失。文言文本来是书面语言，白话文就是口头语言，书面语言和口头语言是可以并存的。我们唱清工的都去向专业的戏工去学，这就等于失掉了一条腿。所以我强调，还是要两个并进。并不是说谁要排斥谁，两者各自有各自的特点。专业有专业的特点，业余有业余的特点，不要把业余的都变成专业的。

问：目前在推广昆曲文化方面应该怎么做？我们知道楼老在这方面也做了很多的工作。

楼宇烈：当年昆曲被定为世界非物质文化遗产，我就讲过昆曲应该成为一种小众的文化，也应该成为一种进博物馆的文化。原因就在于我们不能希望现在的大众都能来欣赏昆曲，因为现在文艺样式多得很，从节奏来讲，昆曲是属于慢的类型，所以它能在小众中间流传就可以了。让它成为博物馆艺术是因为博物馆收藏真品，不收藏赝品。我们不敢说收藏的一定是原汁原味的，但是我们尽量做到这一点，而不是为了迎合现在的市场口味就改来改去，原来怎么唱我们现在就怎么唱。昆曲最重要的在于唱，就表演来说，戏曲都是差不多的。打开电视，把声音关上，一般人分辨不出来这是什么戏。但是一打开声音就知道，这是河南的豫剧，那是河北梆子；这是京剧，那是昆曲。所以，中国戏曲的不同很重要的是在唱腔上。表演方面当然也有不同的特点，但更重要的、明显的区别是唱腔。昆曲对唱腔是很注意的，它是根据一字一声来谱腔的，强调字正腔圆。昆曲有昆曲自己的韵书。有一种看法认为，我们按照韵来唱有些人听不懂，所以都得用普通话来唱。我就奇怪了，为什么昆曲一定要这样变呢？你怎么不用普通话去唱河南豫剧呢？这是很奇怪的事情。如果都用普通话来唱，昆曲就不成其为昆曲了，就失去自己的特点了。

问：谢谢楼老在上完课后又继续接受我们的采访。

楼宇烈：不用客气，也很高兴能和你们一起来关注我们的传统文化。

〔2010年4月11日，《北京大学研究生学志》的编辑、记者黄匡时（北京大学社会学系博士研究生）、冯佳（北京大学历史学系硕士研究生）、鲁子奇（北京大学中文系硕士研究生）、杨惠（北京大学外国语学院硕士研究生）就中国传统文化问题采访了楼宇烈先生。文章刊发于《北京大学研究生学志》2010年第10期〕

传统文化：不求轰轰烈烈，
　　　　　但求不绝如缕

一、传统文化热的冷思考

问：楼先生，您好！在我印象中，传统文化从来没像现在这么热，您怎么看待这股热潮？

楼宇烈：最主要的是，我认为前些年出现了某种意义上的道德滑坡。中国传统社会被称为礼仪之邦，讲究人的文化素养和德行，可前些年许多东西大家都不遵守了，所以我们对过去近百年来对传统文化的批判应该有一些反思：是不是有些过头了？因为有些东西要改变，有些东西要破除，有些东西要发展，都是正常的，可是过头了以后大家就不知道守住一些底线了。那么重新认识一下传统文化，大家都觉得很有必要，也很感兴趣。其实，近百年来也反复出现这个问题，反思传统文化也不能说是完全新鲜的一个事情。

问：那么，您觉得传统文化里哪些价值是值得我们现在挖掘、整理的，是我们当下社会发展所需要的？

楼宇烈：我觉得那就太多太多了。我们就从人与人之间的关系说起，传统文化中最重要的一条是做人要诚实、诚信。我觉得前些年大家都觉得社会上诚信不足，很多产品也不是那么有信誉，人与人之间的关系、做事方面也欠缺诚信。我们缺乏一种敬畏心，做什么事情都没有敬畏心，好像做了天大的坏事也没关系，不觉得做坏事以后对不起自己、对不起祖宗、对不起子孙，没有这样一种敬畏心，所以我们最大的问题就是缺乏诚和敬。一个敬，一个诚，从诚到敬，从敬到诚，有了敬畏心才会讲诚信，有诚信才会有敬畏，所以这两个是连在一起的，这是古人早就反复教导我们的。中国传统文化强调我们要尊重自然，做什么事都应该顺应自然。我们也是自然的人，也有许多自然的规律，可是我们现在经常要用仪器检测检测，有了一点病，不相信自己有抵抗的能力、修补的能力、痊愈的能力，完全依赖药物，甚至器械。这背后很大的原因就是不太尊重自然。对于自然的那种所谓的征服好像显示出了人的伟大的力量，可是这个结果让人自己反而丧失了一种自信。你觉得发挥了自己的力量去征服自然，结果自然对你的报复更加厉害，反而让你失去了自信。这方面很值得我们来思考。

客观的事实，不管是社会的还是自然的，它没有绝对的分别，都是彼此分不开的，有了此才会有彼，有了彼才会有此，彼此不可分，没有一个东西只有一面。

中国传统文化就是让我们看问题一定不能只看一面，必须要看到另一面；要看到这一面离不开那一面，那一面也离不开这一面；这一面里边有另外一面的东西，那一面里边也有这一面的东西，而且两者会互相转化，物极必反。这些我们过去称之为朴素的辩证法，其思维是很辩证的，不是孤立地来看问题，而是相对地来看问题。这些思维方式前些年已经很少了，都分裂开来了。比如，我们看人也不是看整体，要看他的脑袋如何、脚如何、手如何、胳膊如何、腿如何。现在医院里面分科很细很细，把人割裂了，可是人本是一个整体。

问：您认为为什么会出现这种状况？

楼宇烈：我们只相信理性思维，我们还相信感觉吗？总觉得凭感觉不科学，但是感觉恰恰是最灵敏的，甚至是最全面的，也可以是最深刻的。但是我们总觉得只有理性才是最科学的，因为它可以做出定量、定性的分析，感觉是模模糊糊的。我们不排斥理性思维，但是又非常注重感性思维，甚至直觉的思维。我举一个简单的例子，作为一个人，我们是靠仪器提供的数据来生活，还是靠我们的感觉来生活？我常常讲，现在的许多人都是靠数据活着，有事没事就量量血压，血压高了紧张，低了也紧张，然后划定一个标准，血压在这个标准里面就放心。

问：您觉得中国的传统文化跟西方的文化最本质的区别是什么？

楼宇烈：最本质的区别就是中国文化重视的是人要有正确的认识，什么事情都要从人入手。天地升华，万物是天地所生的，它不是一个神来创造的。天地万物都是一样的，这是基础，但是在一样中也是有差别的。在万物中，跟万物差别最大的、最具特殊性的就是人，所以中国人讲人是最为贵、最为灵的。最为贵就是万物中最重要的，最为灵就是有灵气在。人跟其他的物种不一样，其他物种当然也有许多灵气，小猫、小狗都有灵气，但不能跟人的灵气相比。既然人是这样一个存在，那么首先对人要有正确的认识，人应该有主体性、独立性。你说万物能够自己做主吗？做不了主，可是人在很大程度上可以自己做主。既然天生万物中人是最特殊的，那么人应该怎么样来认识自己？在西方文化中，人跟万物是一样的，都是"上帝"创造的，是平等的，看不到人有主体性和独立性这种特殊性，人跟万物一样，都听从一个意志去做事，所以西方文化关注的是最高的造物主。中国文化是以人为本的，西方文化是以神为本的，这就有了根本的差别。一种文化围绕着造物主来展开，一种文化围绕人自身来展开。人应该成为真正的人，既不要成为神的奴隶，也不要成为物质的奴隶。本来在西方文化中，人要匍匐在神的脚下，一切听从神的，后来经过近代的启蒙运动，人站起来了。可是人站起来以后，人与人之间又相互争斗，为了物质财富相互争夺，所以不知不觉地人又失去了自主性、独立性，又成了物的奴隶。科技的发展并不能解决人的精神生命的问题，它不断地提升人的物欲，而物欲是难填的，没有满足的时候。物欲的追求越来越高，那么精神生活、精神生命的需求显然就会与之出现差距。科学本身的发展给我们提供了物质的满足，但我们精神生命的满足程度并不够，而且从某种程度上两者还有点冲突。怎样来提升精神生活的质量，这是个问题。

二、 坚持文化自信、开放包容是弘扬传统文化的正确选择

问：在我们现在这个物质生活大大丰富的社会环境里面，我们怎样提升精神生活的质量？怎样更好地弘扬传统文化呢？

楼宇烈：不要让人们认为能够吃上大鱼大肉就是好的，使精神生活更加丰富才是好的。如果我们与外国人比的不是物质，而是精神，如果我们全民都很有骨气，那么外来敌人再强大也征服不了我们。相反，如果我们武力很强大了，可是我们信念不足，不想做一个中国人，那不用先进的武器就可以把我们打垮。精神的力量远远强过物质的力量，这涉及我们对文化的认识、对文化的自信。中央领导提倡文化自信是很有道理的。

我们的文化根本的精神在什么地方？比如，我刚才讲的对人的自我认

识，自我认识就是要保持我们人的主体性。只有人才能够跟天地并列，人要认识自己，所以人要保持自己的独立性、主体性。前些年人类对整个环境的破坏之大是很明显的，大到整个地球难以承受的程度。所以保持生态伦理必须要有科技伦理，从这个意义上说，中央领导提倡生态文明是很有道理的。

中国文化中尊重自然的理念在今天体现得非常好。尊重自然、顺应自然，不要做违背自然的事情，我们只能借势引导，因势利导。

问：为什么我们一提到传统文化，有的人立刻就会想到我们传统文化里面的糟粕呢？

楼宇烈：这个问题不能一概而论。传统礼教是不是糟粕？即使里边有糟粕，也不能把它全部看成糟粕。礼教里面规定，子女对父母就应该尊重，父母对子女就要关爱。这是糟粕吗？子女要听父母的话，怎么个听法？过去也并不是要求盲从。战国时候的荀子就讲得很简单明了，"从义不从父"。我们要听父母的，但是也要看父母讲的是不是对的、合适的，不合适的我们也不那么简单地听从。但是也不能够直接冲突，我们要婉转地去劝解。家有诤子，能够争辩，但这种争辩不是不恭敬的争辩。

再比如，"人不为己，天诛地灭"，所以人要为己，这是根本错误的理解。正确的一种理解是，人如果不能够不断地完善自己，天地就要诛灭你。这是中国传统的"为己之学"，它跟"为人之学"是相对的。《论语》中有一句话："古之学者为己，今之学者为人。"古人讲的"为人之学"就是为了别人学，学会了可以跟人家交易；而"为己之学"则是为了自己德行的提升，不是为了财富或者别的什么。类似的误解很多。我们经常说"量小非君子，无毒不丈夫"，做大丈夫很不容易，需要人格很高。《孟子》里讲，大丈夫要"富贵不能淫、贫贱不能移、威武不能屈"，那么怎么"无毒不丈夫"呢？这个"毒"不是毒害的"毒"、狠毒的"毒"，而是"度"，度量的"度"。气量太小了，不能成为君子，没有气度也不能成为大丈夫，这才对得上这两句话——因为这两句话都是在称颂大丈夫、称颂君子。

问：听您这么说，确实纠正了不少人多年来的误解。为什么我们中国传统文化里的一些概念会让人误解，甚至是完全曲解呢？

楼宇烈：这个其实也很简单，再好的一句话我也可以从歪的方面去解读。另外，没有一件事情是绝对的有利而没有弊，有利就一定有弊，两者是并存的。我们现在讲中国文化的特点，都是在跟西方文化或者其他的文化比较而言，人家的缺点可能是我们的优点，站的角度不同，看的问题就不一样。所以事物是相对来看的，可能过去认为是对的，现在认为是错的；过去认为是错的，现在却认为是对的；我们这个地方认为不可思议，其他地方则认为理所当然，你要尊重别人的认识，文化本应该是多元并包的。

问：您刚才提到了一个很重要的概念"文化自信"，那么，您觉得应该怎样来树立我们的文化自信呢？

楼宇烈：树立文化自信，就是要对中国传统文化有信心。世界有所谓的"四大文明"，分别是古巴比伦文明、古埃及文明、古印度文明和中华文明。其他三大文明都断裂、消亡了，只有中华文明流传至今，能够流传几千年而长盛不衰，我们没有理由不对中国传统文化有信心。

问：文化自信是不是意味着对于传统文化可以不加选择地照单全收？

楼宇烈：当然不是。我们继承传统主要是继承它的精神，不是继承它的形式。很多形式可以是变通的，比如你穿这样的服装，他穿那样的服装，服饰是不一样的，这个没关系。所以汉服也可以，唐服也可以，明、清服也可以，这些都可以变化，只要大家能够接受、能够认同。但根本的精神不能丢，我们最主要的是继承精神，精神不是字面上能够表达出来的，每个人就这么生活，才是真正的落实，根本的是要在实际生活中去继承我们的传统文化的合理精神。

问：您觉得在目前的情况下，我们在倡导传统文化的传承、传播的过程中需要注意哪些问题呢？

楼宇烈：不要只在形式上下功夫，这种形式上的东西千万不要去追。我们要实实在在地让孩子们懂得日常的礼节，要培养孩子们能够独立整理内务的能力，让孩子们懂得跟别人交往应该遵守一些什么样的规矩，比如什么时候应该走在前面、什么时候应该走在后面，我觉得这很重要。

现在有些父母太溺爱孩子了，连上大学都要跟着。母亲跟着来给他收拾床铺，给他洗衣服，这太不像话了，这就是传统的丢失。清代有一位学者讲得很好，家里有家法、家礼。我们不能光重视家法，我们更要重视家礼。法使人遵，礼使人化，法只是让人遵守，可是礼让人发生变化。法使人畏，礼使人亲，两者的功能是完全不一样的。所以应该通过礼的教育让大家改变自己的秉性，改变自己很多不好的习惯，让人与人之间变得更加亲密，变得互相尊重。

问：近些年高校里成立了一些国学院，您觉得国学院会在传统文化的传承中发挥什么样的作用呢？

楼宇烈：我希望不要光走形式。包括琴、棋、书、画等艺术形式，你学习了之后要体会到中国文化的精神在什么地方。所以我很提倡通过丰富的艺术来丰富我们的人生，让我们每个人的人生都变成艺术的人生，通过艺术的人生来体悟出人生的艺术。中国的文化是以艺载道、以文载道的，文艺里面蕴含着人生的哲理、宇宙的哲理。艺术只是手段，这些手段不是用来竞技的，而是用来相互切磋的。文化的功能是相互切磋、熏陶，不断地提升自我的素养，不是我比你强、你比我强，所以所有排名次的比赛活动我一概不参加。

三、传播传统文化不应过度依赖新媒体

问：现在只要谈到传播就离不开新媒体，"慕课"也是一种新媒体，您觉得"慕课"能在传统文化的传承中发挥作用吗？

楼宇烈：网络教育其实也是有两面性的，现在开展得并不是很好。MOOC（慕课）是2012年才出现的，而且很多名牌大学都在搞。北大也在上，但是我始终没有给北大的MOOC（慕课）录过课。他们邀请我多次，我也没做过。MOOC（慕课）现在局限性还是很大的，它的传播性很强，但是误传性也很大。所以我觉得，其实面对面的教学还是最根本的，哪怕受众少。对传统文化的传播，我不主张轰轰烈烈，我只求不绝如缕。因为一轰轰烈烈就容易鱼龙混杂，而且有可能造成许多难以挽回的后果。现在人听反面的东西津津乐道，听正面的东西一闪而过，忘得快极了，而且也看不进去，这就是大问题。所以小范围的有什么不好呢？我们一传十，十传百。一个好老师如果有一个特别优秀的学生能够传承，那就可以了；有两个就是奢望了；有三个就是大成就了。总的来讲，我不主张搞得轰轰烈烈，我们还是要踏踏实实地做工作，能够不绝如缕就好。

现在碎片化的现象也比较严重。讲个小问题几句话说清楚也不是不可

以，但有些问题不是一句话、两句话能讲清楚的。现在很多的论坛，讲很重大的问题就 20 分钟的发言，这样就变成走过场、走形式了。所以网络化也有两面性，好的一面是传播得快，不好的一面是可能传递一些不好的、片面的、容易让人产生误解的东西。

问：您认为我们在利用现代传播媒介传播传统文化时应该注意哪些问题呢？

楼宇烈：不要夸大，不要走形式，不要想所有受众都能够接受，不要有这个期望。我认为我们可以度有缘人，中国文化其实就是这样的，跟西方的观念不一样，你跟我没有缘，我也不强迫。我们的儒家也是这样，你根本就没这个需求，你也没这个要求，我给你讲什么？所谓启发式教育，我们现在的理解是，我点拨你一下，然后你自己去思考，但是启发更根本的是让你主动地向我求问、求学。所以我们的教育是要启发人们学习的主动性，那就有意义了，否则他会觉得你在向他灌输，那他就有可能抵触，甚至会慢慢地不愿意听了。我们的传播应该让受众能够有一种主动的要求。

四、用好书院这一特殊载体传承中华优秀传统文化

问：现在社会上流行另外一种传播国学的载体——书院。您认为书院这种古老的文化传播载体在传统文化的传承和传播中能够发挥怎样的作用呢？

楼宇烈：太多了。我们前些天刚开过一个书院论坛，我们已经开过七次了，每年一次谈论书院的传统和未来发展。

当然，书院从作用上来讲就是传播传统文化的。过去的书院基本上是成人教育，学生主动来求学。现在的书院形式很多，有的像过去那样，基本上就是办一些成人的讲座，讲传统文化的，有的是培训班式的，还有一大批其实是提供基础教育服务，就像过去的私塾学堂一样。总体上来讲，现在的书院是学校教育的一种补充，我们要认清楚这一点。它不能替代学校教育，也不能替代社会教育，但它可以补充社会教育、学校教育的不足。书院要从这个定位来做，不能够脱离社会。另外，书院是否能够在师德这个方面做出表率来呢？

书院好比一个家庭，在家庭里面我们要求家长以身作则，在书院里面

当然就要求教师以身作则。今年书院论坛的主题就是师德。现在其实各方面都提出这个问题，不光教育方面有师德的问题，医疗方面也有医德的问题。

问：内容来看，我们的传统文化从包括儒、释、道三个方面，我们在传承和传播的过程中应该怎样处理好这三个方面的关系呢？

楼宇烈：隋唐以后，我们传统文化中儒、释、道这三者是你中有我、我中有你的，密不可分的。许多人把书院看成儒家的，其实不对，书院里那些学者所讲的知识也不光是儒家的，但可以以儒家为主。比如，北京什刹海书院一年有四季，儒学季、道学季、佛学季、易经季，每季的主题不太一样。我们不能说中国文化就是儒家文化。我们现在还有个最大的问题是，我们把佛教说成是印度的。其实佛教传到中国以后，它已经完全跟中国本土文化融为一体了，中国佛教跟印度佛教的许多东西可以说完全不一样了。佛教在印度文化中并不是主流，甚至还是被排斥的。佛教在印度到了13世纪末就消逝了。

问：那么，西方文化到了中国以后其实也处在中国化的过程中？

楼宇烈：是的，也在中国化的过程中。我们一张嘴说的许多话也是西方的话，比如科学和民主。民主可以说是纯粹的西方文化的东西，因为中国古代是不讲民主的，而是讲民本的。民本就是以人为本，跟民主有关系。但是民主这个观念其实有很大的问题，现在西方也在反省这个概念。

问："民主"和"民本"，我理解"民本"应该说更尊重人本身？

楼宇烈：对呀！也更尊重老百姓，我们一切都要为老百姓着想。以民为本，民才是国家的根本。"民主"跟"民本"其实是不太一样的概念。民主其实是讲多数和少数的问题，多数通过了就行了，就是民主了，它没有把民放在根本的位置上面。

五、怎样看待中国文化"走出去"

问：您怎样看待中国文化"走出去"？

楼宇烈：我提的观念是中华文化世界共享。我自己做好了，人家才来共享。我们要文化"走出去"，首先要"走回来"。中国人有多少人认同孔子？我们要认识到，孔子是我们传统文化的形象大使、形象代表，我们不能说孔子百分之百地好,但是作为一个中国文化的象征,他还是弥足珍贵的。所以,孔子要"走出去",先要"走回来"。中国文化要让别人接受,首先自己要传承好。

怎样认识中国文化、中国哲学、中医?我们的脑袋从某种意义上说已经西方化了,我们用西方的理论框架来研究中国传统文化,这些观念深深地束缚着我们。所以许多人用西方的理念,甚至西方的话语来讲中国,糊里糊涂地讲国学、讲传统文化,这样是不行的。现在大家很热闹地讲王阳明,为什么讲王阳明?讲王阳明的什么?向王阳明学什么?是他很成功吗?他怎么成功的?王阳明真正的价值在哪里?王阳明讲要"致良知",这是根本的。他为什么要致良知?因为他认为良知就是为善去恶,就是恢复天理、消灭欲望。因为人是根本,人心坏了,"破山中贼易,破心中贼难",人的欲望太厉害了,恢复人的天理不容易。他整套的心学理论就构建在这样一个目的之上。现在到处成立阳明学院、阳明研究会、阳明中心,但究竟要学什么却不清楚。王学有一大套理论,可是人们连王学最基本的、最核心的概念都不知道,更不可能准确理解。

问: 现在有一个提法叫作"构建人类命运共同体",这个提法跟我们传统文化的智慧是不是一致的?

楼宇烈: 是,这个没问题。我们人类就是一个共生共存的共同体,所以我们要互相尊重、互相理解,而不是我同化你、你同化我。我们相互不尊重的话,是没法打造一个共同体的,所以必须要相互尊重。

问: 最后,想请您用几句话概括一下中国传统文化。

楼宇烈: 中国文化就是对人的一种自我约束。西方文化是通过神来约束你,人自我约束不了。中国人相信人可以自我约束,作为人类就应当有这种自觉性、自律性。中国文化就建立在这样的基础之上。从这个基础慢慢地深入进去以后,你就会看到中国文化。我常常用四个词来概括中国文化:源远流长、博大精深、多元包容、丰富多彩。你如果真的能够领会,那么这四个词在中华文化中是一通百通的。

(本文系《教育传媒研究》记者林安芹采访楼宇烈先生的文章,经北京师范大学李海峰教授审订,刊发于《教育传媒研究》2018年第3期)